奇姓通

（第一册）

电子科技大学出版社

图书在版编目（CIP）数据

奇姓通：全3册 /（明）夏树芳辑；（明）陈继儒校
. -- 成都：电子科技大学出版社，2017.10
ISBN 978-7-5647-5228-6

Ⅰ. ①奇… Ⅱ. ①夏… ②陈… Ⅲ. ①姓氏－史料－
中国 Ⅳ. ① K820.9

中国版本图书馆 CIP 数据核字 (2017) 第 266175 号

奇姓通（全3册）

（明）夏树芳 辑 （明）陈继儒 校

策划编辑 刘 愚 杜 倩
责任编辑 刘 愚

出版发行 电子科技大学出版社
成都市一环路东一段159号电子信息产业大厦九楼 邮编 610051
主 页 www.uestcp.com.cn
服务电话 028-83203399
邮购电话 028-83201495

印 刷 虎彩印艺股份有限公司
成品尺寸 185 mm×260 mm
印 张 85.5
字 数 700千字
版 次 2017年10月第1版
印 次 2017年10月第1次印刷
书 号 ISBN978-7-5647-5228-6
定 价 2400.00（全3册）

出版説明

現代漢語用『圖書』表示文獻的總稱，這一稱謂可以追溯到古史傳説時代的河圖、洛書。在從古到今的文化史中，圖像始終承擔着重要的文化功能。傳説時代的大禹『鑄鼎象物』，將物怪的形象鑄到鼎上，使『民知神奸』。在《周易》中也有『制器尚象』之説。一般而論，文化生活皆有與之對應的物质層面的表现。在中國古代文獻研究活動中，學者也多注意器物、圖像的研究，如《詩》中的草木、鳥獸，《山海經》中的神靈物怪，《禮儀》中的禮器、行禮方位等，學者多畫爲圖像，與文字互相印證，成爲經學研究中的『圖説』類著述。至宋元以後，庶民文化興起，出版業高度發達，版刻印刷益發普及，在普通文獻中也逐漸出現了圖像資料，其中廣泛地涉及植物、動物、日常的物質生產程序與工具、平民教化等多個方面，其中流傳至今者，是我們瞭解古代文化的重要憑藉，通過這些圖文並茂的文本，讀者可以獲得對古代文化生動而直觀的感知。爲了方便讀者閱讀，我們將古代文獻中有關圖像、版畫、彩色套印本等文獻輯爲叢刊正式出版。

本編選目兼顧文獻學、古代美術、考古、社會史等多個種類，範圍廣泛，版本選擇也兼顧了古代東亞地區漢文化圈的範圍。圖像在古代社會生活中的一大作用爲促進平民教化，即古人所謂的『圖像古昔，以當箴規』，（語出何晏《景福殿賦》）明清以來，民間勸善之書，如《陰騭文》《閨范》等，皆有圖解，其中所宣揚的古代道德意識中的部分條目固然爲我們所不取，甚至應該是批判的對象，但其中多有精美的版畫，除了作爲古代美術史文獻以外，也可由此考見古代一般平民的倫理意識，實爲社會史研究的重要材料。

本編擬目涉及多種類型的文獻，兹輯爲叢刊，然亦以單種別行為主，只有部分社會史性質的文本，因爲篇卷無多，若獨立成册則面臨裝幀等方面的困難，則取同類文本合爲一册。文獻卷首都新編了目録以便檢索，但爲了避免與書中内容大量重複，無謂地增加篇幅，有部分新編目録較原書目録有所簡略，也有部分文本性質特殊，原書中本無卷次目録之類，則約舉其要，新擬條目，其擬議未必全然恰當。所有文獻皆影印，版式色澤，一存古韻。

《奇姓通》總目録

十四卷（明）夏樹芳 輯 陳繼儒 校 明天啟四年夏氏宛委堂刊本

第一册

第二册

第三册

第一册目録

奇姓通

宛委堂藏板

奇姓通小引

江上夏茂卿奇才也亦
雅好奇〻人奇文奇語
奇事奇山水入茂卿胸

湯司條刊

中如貫珠出茂卿腕下如懸河也向所彙詞林海錯玉麒麟女鏡諸編奇止矣茲復出奇娃通

示余豈東南之寶未盡
耶何奇之多也唐馮贄
作雲僊雜記云若見於
常常之書者此必畧之

茂卿之謂與余聞之有奇才者必有奇遇使茂卿登歷玉堂讀中秘書亦不過為金華殿中語

安能窮古今之奇一至
是哉今
天子且幸長卿同時恐此
書又當與子虛賦並作

羔雁為千古奇聞夫誰

謂白沙第二着也

友弟薛敷政漫題

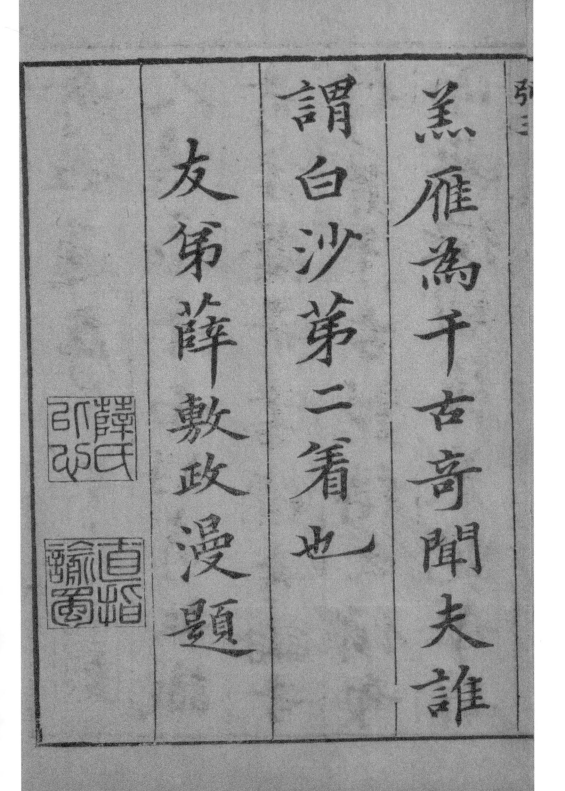

奇姓通序

人情厭平而好奇故識奇字著奇書標奇論奇行者千古豔稱之顧奇而無徵則屬吊詭奇而

無當則屬鏤冰考亦鄙陋矣茲編據姓以實指其人因人而悉載其嘉言善行之可法可傳者類以韻分今以古系一

開卷而千秋如列眉竟
一編而四方如指掌良為
字内鉅麗之觀藝林博
奥之府者矣自非一代宗
工孰能旁搜廣覽若此

之勤且備著訖江陰茂
卿夏公性覃書淫志眈
著述早謝公車之業功
專養志之餘晷勒成
皇明人物類編五十餘

卷已足稱

睹代之琉球百世之章

程矣乃復嗜奇不已取

姓之不經見者并載其

要言懿行合為十四卷

梓而傳之業有諸名公
遡得姓之淵源示著姓
之準的以昭來茲之誦
習者作者之苦心已幸
獲卒業彌深羨服公

之極慮殫精嗜學不倦

勞已以逸人肩鉅而羅

細不遺餘力也輙勸堯

賴題弁簡端洵美齊

書永公同好

天啓甲子歲中秋日
金陵友弟朱之蕃書

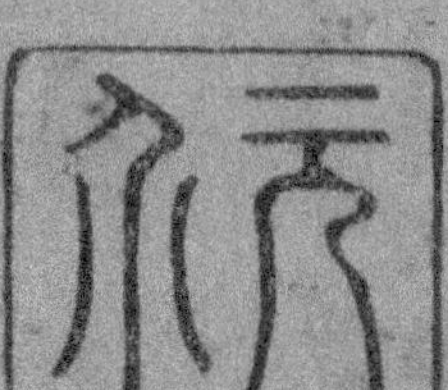

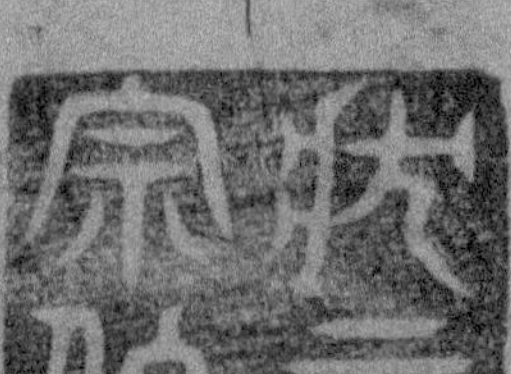

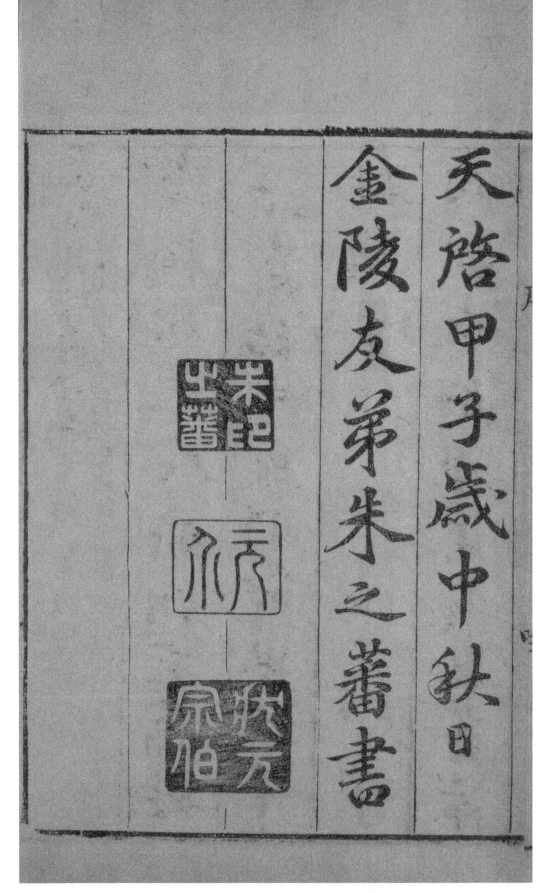

奇姓通序

漢潁川太守聊氏有萬姓譜嘉祐中雁門邵思撰千姓編至

國朝成都楊用脩始著希

姓分韻類音按音撮異好
事者遑遑矜矜帳中頃澄江
夏茂卿乃有奇姓通為
卷凡十有四其以韻別者
亦似彷成都然然廣至十

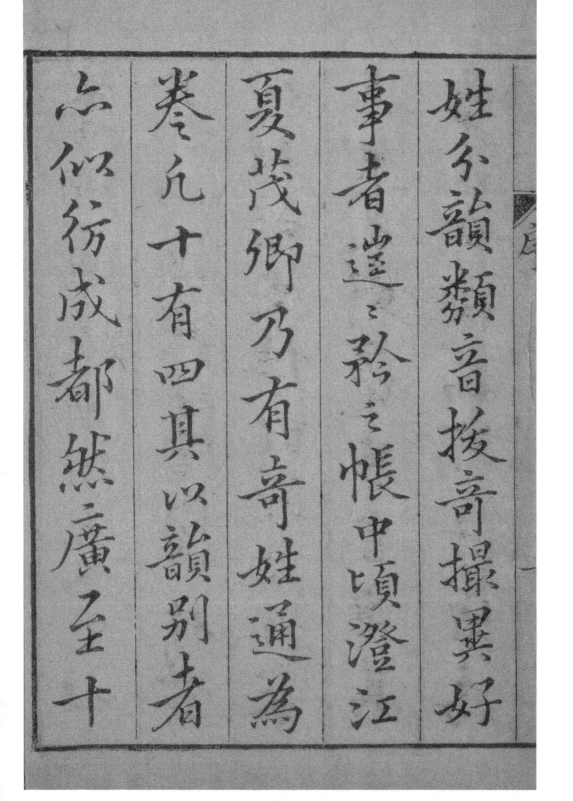

卷而複娃另列者更四
卷源少典伊者迄於當
代祖經史傳記浸及百家
志其人則舉其言與其
事之可述而可喜者為

之選義以錯綺摛葩而
取妍賅而嚴贍而有則
不減左丘公穀諸編讀
之者得異姓因得異人
且得異書懿哉洵姓苑

之捘神氏林之博物也盖吾聞之古者天子賜姓命氏諸侯命族良稱鉅典黄帝之子二十五人而得姓者止十有三姬者二酉祁

己滕臧任荀釐姞嬛衣者
十一其餘皆德薄不足録
至如伊祁後有劉范姚
後有虞陳夏姒商子周
姬而後有扈男斟尋褒

費杞繒辛宜來宋沈闇
韓應其類紛錯不可殫
紀蓋漸衍則漸分如岷
山有江嶓冢有漾派别
支殊而派之中復有派

支之外復有支矣夏書曰錫土姓言爭權在上稟一尊也有錫即有析析斯衆衆斯異載觀古今或爲膴宗望望商或爲疇容單

門或以生里食采之各因
或以避諱徙遷之多故甚
而辟戟之爭帶鈐之誚
又甚而嚳學破斷俞刖覲卤
叟之屬俗音方語無從弦

據今得茂卿此編可以類族辨物為奇姓董狐矣茂卿素心淵學負奇才多握鉛槧識奇字所著述甚富茲帙其一斑

云

友弟周延儒撰

序

奇姓通小引

曩余讀書山中輙取姓若名不經見者隨筆彙集題曰奇姓名錄友人趙凡夫見而曰夫今之所異者昔之所不異也春

秋以前稱雄或以國或以族或以父字五胡雲擾浩若星繁與其異以雄著名者存之則曷著以行著言異者存之余殘其言因弃去不存頗猶時時祥素曾

中而今觀夏義卿先生所纂壽
娃通則不覺爽然自失矣先生
之志奇娃也并與其行爲言言
奇者均志志故遂成宇宙間一
大奇書大都著書者非博帶

能周非裁鋪能錯非敍鋪能
篇而如此等書為尤甚循覽未
竄縫漏藏多收採或偏取材於
隱夏先生史才也又饒仙趣生
平著撰往往有出塵離俗之致

復餘談禪善名理以故宏深與
衍恢偉浩瀚而一軌於正如詞
林海錯玉蕤女鏡與茲古今奇
姓諸書鴻藻清裁亦已槩見
矣先生以孝廉養母遂謝公

輩優游著述蕭然物外江南
名士稱襟領焉方今史局需
人如先生者不使孜綜故實潤
色
皇猷而獨著栖真法喜於霞棲

深山斯非
歷朝一鉄事手然著述萬言日
新安有先生固足以自豪矣抑
傳有之詵夏則大於時為夏百
昌發榮於義為亨嘉會合禮

以箴卿材合箴卿姓姓所同也
符契非偶則可不謂大奇矣哉

癸亥年日

竺隝山樵友弟文震孟書于

藥圃之清瑶嶼

文起氏

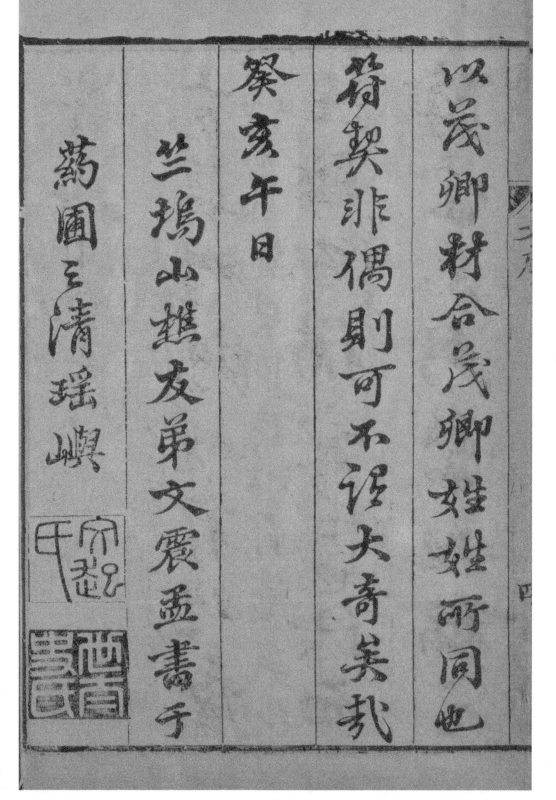

竒姓通序

古無姓賜姓始有姓唐之稱百稱寡乏也代而隆宗系衍繁祖稱之

相禪也本支之相蒙也
無二姓者矣然國有牒
家有世德有濟美而
望姓重焉秦以漢而下

國祀而收之國亂而
更之國眷命冒之則
姓其姓石姓其姓又
奚辨與窮謂人之有

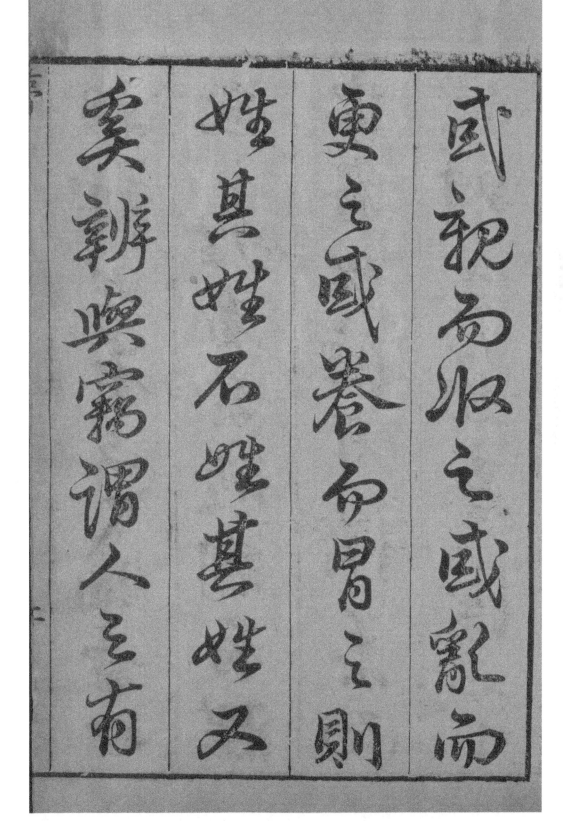

姓猶物之命名族以辨異望以辨族之耳夫無姓則姓重人有姓則望姓重無之姓則

姓輕不姓甚姓則望
姓亦輕蓋亦勢使
然也鄭樵之志族氏
舊派有三自夷之亂

暴溢而亡矣将安所
取衰邪盛者欲谱之
为援也李为郎黄门
者多为秋将军者少

庸知其非妾乎且姓
亦何望之有君子小人
澤彰五世祖功宗德
抑何有于不可知之

人而宗廟散亂圖通

相為倫嘉也姓系何譜

之有吾讀書姓通識

焉纂是書為江陰夏

茂卿氏茂卿傳與
甚似子雲而修行過
之若佐畏陵數式其
廬今直向下推是編

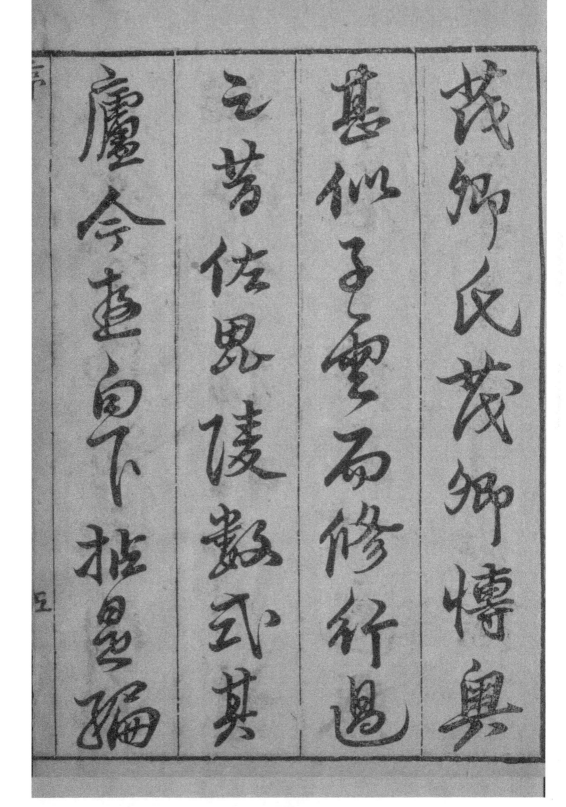

示余且曰閒備元美
皆嘗緊揭於此未肯
成帙吾敢强傳第通
見者計若干卷矣姓

云言者嘗鑿如是而
況其常爲嘉年余石
之回鄉有孫姓者欲冒
子張之裔乃刻偽碑

瘞村傍間經潦甚圮
陷碑出詭曰吾祖書
額為孫孫子張氏之
裔也因白于上人皆

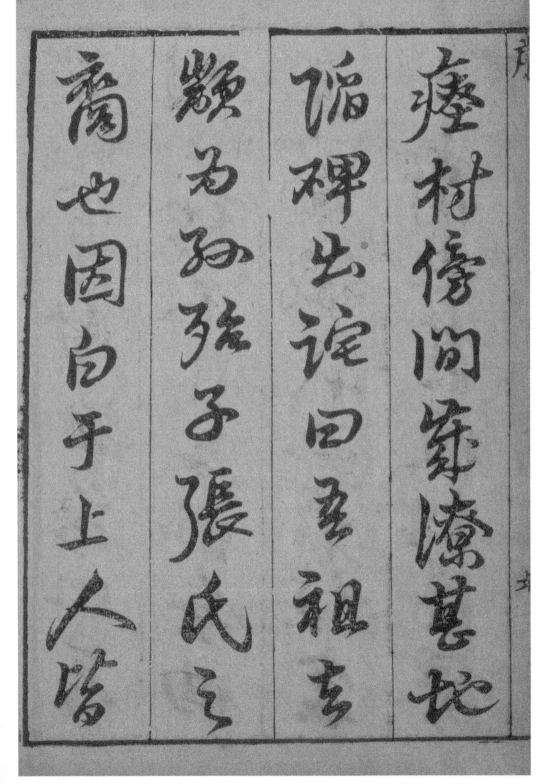

笑之是賢者能以其嫉之他人之子孫矣曲阜有臧氏亦大族倉之裔也其後耻之更

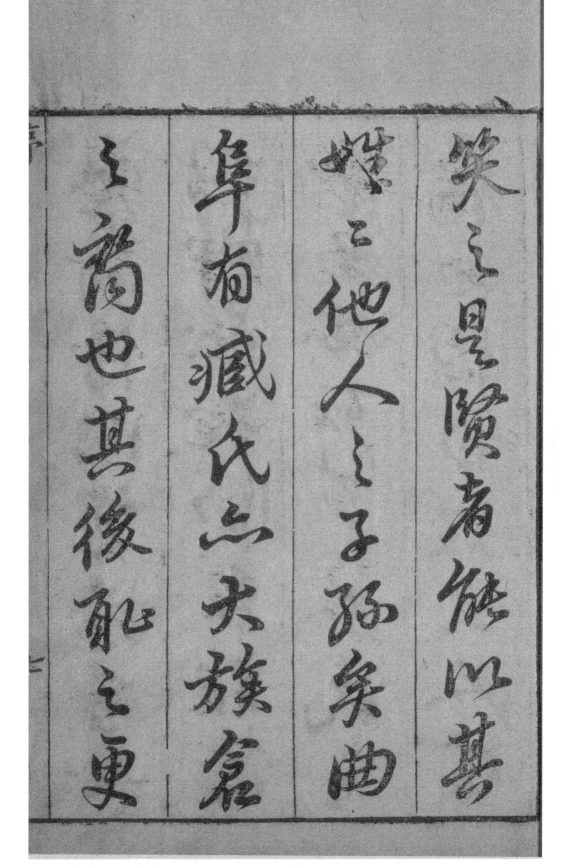

而為通邑第仕至
九列是不賢者不能
以其姓之出之子孫矣
君之通齊姓也示姓

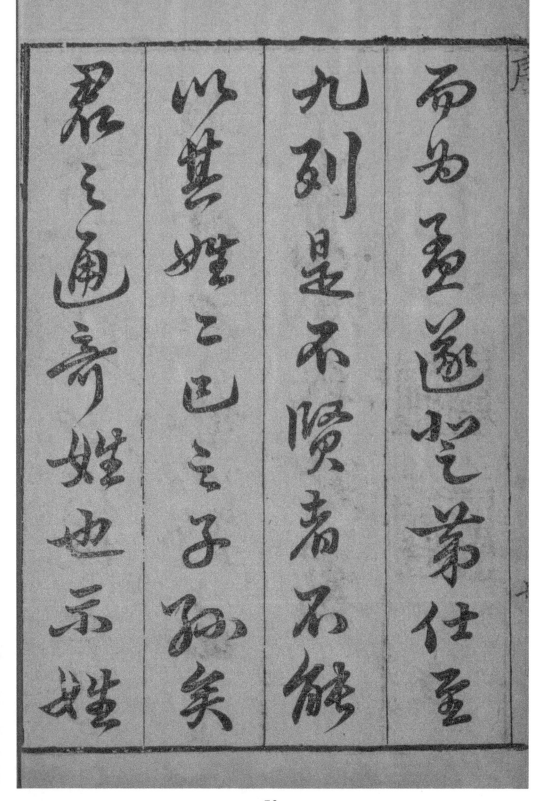

之不可以謂求也乃
彰并不欲以姓求之
瀫西王命彰書

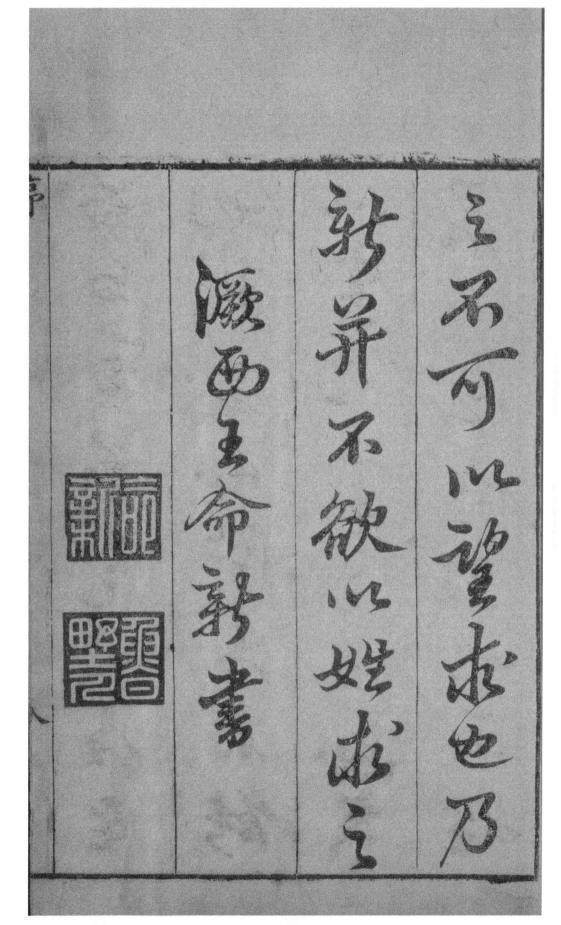

素姓通叙

世之譚姓氏者曰李之蛾庶皆出自帝高王漢也者而非也蓋當混濛剖而為寅畫茸与黃萌

肇生其間詎止蟻庶錯
處而僅挺一皇挂地天
之泰哉逮夫黃軒氏作
夏殷周遞降始云錫土
姓又云因生以賜姓之國

類族群物之元子而後
乃林林總總寖蕃寖蕪
不啻錄上所錫而賜矣凡
姓之顯而皙者人以其
狎覩也常之姓之隨

而僻者人以為鮮遺也考之於觀而類稽諸所稱國為氏者爵為氏者以名為氏者謚為氏以王父字為氏以邑為氏

者以為氏者或原於帝
裔之係或本於王族
之演派若地若音若望
咸可據而系譜也鮮遘
而僅以男有事為氏如

所痛竊銳鴟麥褐兒殺
垣援壺類者咒者技為
氏如優匠豢龍屠羊
駱洛于將類者咒者族
為氏如領纖嗣掌魯陽

終葵系利類著則有吉

德為氏如冬日之威老

生類者有凶德為氏

如蛸臯蕃蝮兀勃杌縣

類者此其姓大率多寄

果何地何書何里球柳又生自何帝之裔何王之漢封邑使博雅士意三篋之遺忘滄五年之稠載雖各為条數而道

已錄也姓雖奇於是衍
也余竊謂砥厲修者而
以充宗宏厥翊者而以作
祖士直在所自豎耳
倘令已氏單崎特門乃

奇门匝特召弗奇揭

峻烈乃奇烈匝峻召弗

奇撲偉論乃奇詭匯

偉召弗奇夷已氏謀擅

三尔朽以砰磕人代藏々

字句稱寺寧渠以一地一
望禁名毬彼所叙列寺
姓中時亦有竪寺足術在
以之高文大冊正録而日
暉下之偏記瑯之旁收

而星嘒蒼辭爲帖遂殊奇也矣已蒼辭以成奇書者係澄江夏李康莪邠氏莪之人與地而並濤性乃互而迴秀神較鑒

於五總祕章儲而俚
援力隸猛於三軍鼇戴
屭肩而匯垂介士乎款
士乎蘭靈之室者學貯
焉以學者故以三發騰而

辯無所熒藻鏡之燭者
識炳焉識者故以筆流
匯而決無所終蘊蓄之
篇者才煜焉才者概以
千緒緯而杼柚無所停

崖崖著文章自娱攄匈
腹竭腸之苞穡焦繼撤
斁扃開輿府百嘘其支
條彙通考姓俾諸氏詳
而顯微而晳渤闇而章

明也閑是鮮遘者亦援
与狎覯者集崇朝而通
九軌先亦第李秀以志
李侍之一戲豹之一斑
物之一毛毳而龍之一鱗一

尹云余屬以竟跋之壽
畢壽故未竟是編也乃
至囊括其畔渙條次區
賾襍壽姓中壽三壽
事際有以術在合而聯

族一帙冒自瀨目升於乙耳沉於瀾昌充蠹蛀者手付諸剞氏也以川堪仝寫內情雅士奢寫目醒鼓掌亦可謂私一種

壽者也多之曰壽性通
洞乎六通而分情毛大
友弟吳亮素手甫篆卷

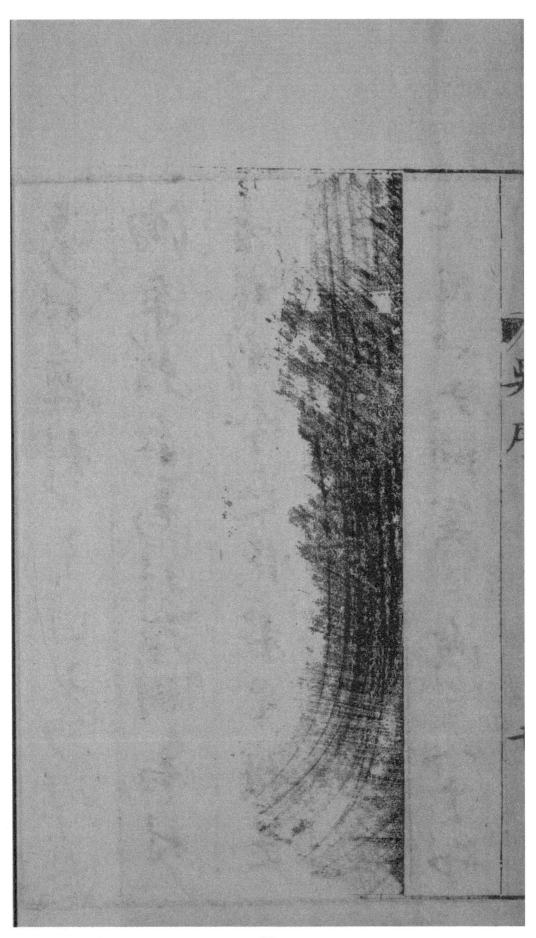

考姓通引

古有指松為姓指樹為姓者然則今之氏族皆猶之松也樹也適然相遭無容心者也大地冥冥淪淪人生而

以鼻相並袒裸自便之耳
但何緣而題為某氏人也
何緣而群然某某氏之二
書之至是今所一二不習見
之字詫於姓曰書係反舌

之命氏畫若此則今之凡
娃不及為壽乎水以子陵
得娃曰嚴灘華以望帝得
娃曰杜鵑然則水与樹且娃人
之娃豈亦何凡与壽之有

豁然見星宿海者常溝瀆見琪樹者常忸於人事其所不習又昌惟焉蔑鄉先生識視人世一切胷中別有烟雲天象洞壑窈窕惝儻

靈梵釋得時法還以其驗
搜華奉華人傳以姓之不
習見者名曰華姓通是二
秋之星宿海而木之棋樹
也夫人具瑰特之行則人

李娃收佛為之人則娃亦
李娃謂娃至李得幾鄉
先生點綴而李也亦可
友弟張瑋韋玉父撰

張瑋之印

東粵文宗

奇姓通序

古者吹律而受姓則有天地之元音元音一暢五音十二律遞相為宮姓之推變也亦多矣而世之拘儒俔俔然侈吹萬之不同即用修元美所收

奇姓不過數則而止此不爲白蹢所
咲耶余友夏茂卿以胷中二酉旁搜
廣攬得耳目所未嘗有勒成十四卷
羽陵之蠹玉簣之藏無弗繙閱纍纍如
春山瑤璵閃閃光怪令楊王二公見

之當驗為九瀛以外不啻河漢矣何
余之幸而寓目也因憶余與茂卿同
上南宮棘闈中星月熒熒乍談而知
為博物君子迨余作荊溪𢿙吏時茂
卿捷户著書不屑為臨卭重客或從

友人滑其所刻一二種若枝斯寸寸而已不意廼於白下浪遊忽覯此奇編所云如獲真珠船幾是矣獨怪國家右文天祿石渠閣所庋何許人而壓茂卿一片席耶且倚楚平慮之

郎可車載而輿雅髦士玄纁尚遲亦足嘅已嗟乎平津曲學猶以晚出綿竹之賦予雲所為文似令奇姓通且布之通都大邑倘
講幄餘暇有此人同時之歎則申轅

之輪行

名君矣茂御無曰将盥吾耳於楊子

之波也余且為君擺掅

清漳友弟陳翼飛書於桃葉渡

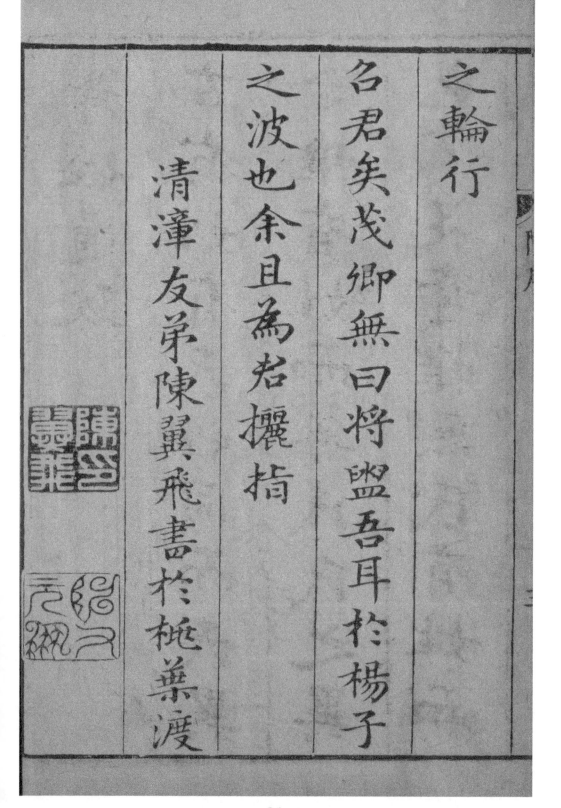

奇姓通跋

古有姓有氏姓同而氏異

令惟有姓而無氏氏之異

也不足奇惟無氏有姓而

姓始有奇者宋洪文敏隨
筆載两漢人希姓複姓四
十五單姓一百六十有奇
明楊用修廣之則合屢代

亦不無滲佚葢出於錫姓之外耳目所不恒覩記者耳孝廉夏茂卿歷考上古迄乎本朝凡屬希姓編

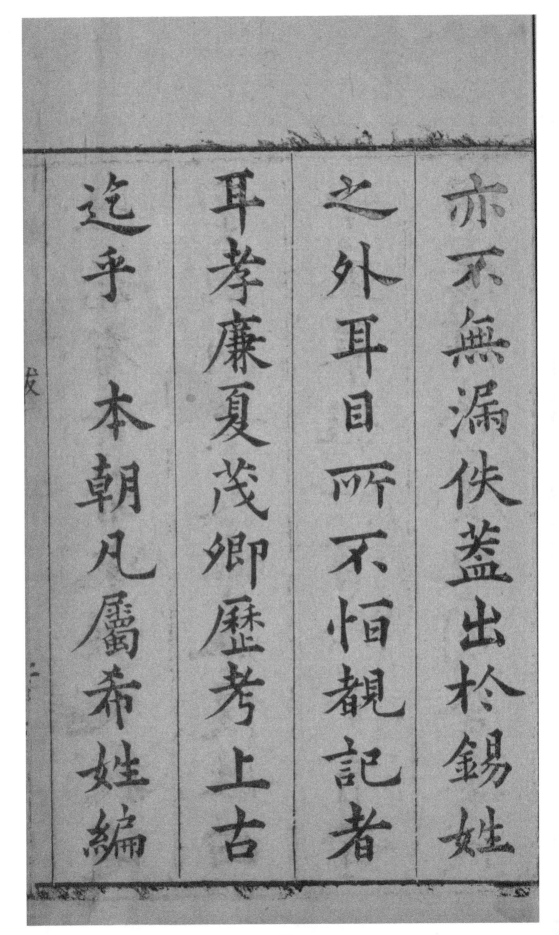

爲奇姓通以希故謂之奇
而稍附其素履蓋於諸家
姓氏書所謂論地望論聲
論字者具有焉昔劉棻嘗

從揚子雲學作奇字好事
者載酒殽徃問世所傳方
言及法言太玄經字多奇
不易通曉然而無關於勸

徵如此編上下今古錯綜乎經史百家而事匯飜空言必按實眞足為一代奇書矣序是書者朱宗伯周

宫允文翰譔吳王兩廷尉
薛太僕張學使陳明府與
茂卿之自述已詳余無能
贊一詞第附姓名於後以

志見異人異書之喜云

大沁山人李維楨本寧父譔

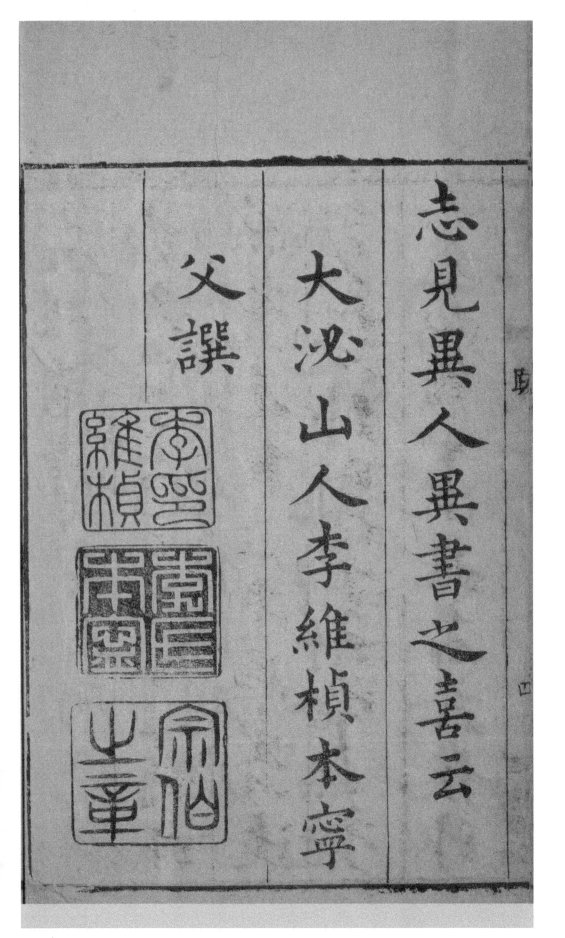

奇姓通序

蓋者聖王因生而賜姓類族辨物以厚親親以崇恩愛以遠於禽獸以別昏姻豈不諄諄乎大奇而易言今其奇也奇則

亦學人之所以經見者也古之論
姓者以官以國以謚次則以王父之
名之字凡女子通姓之配而亦至
甫以方言為氏以戰功為氏以罪
人為氏以避以難而避嫌為氏以一事一

時有所徵觸而為氏而姓始徼詭

變幻以屬支離合乃究詰条

而匪今伊始也王者地與姓始錫

於軒皇帝旗蘇遠姓改離

於漢代魯侯以龍象諡賜家稷

王以悼姬錫痛周喪以鶴政命
酒江者以傳若稱蔡京房推律
而知袁陵揲蓍而為一夕怪歘
不寧惟是田手秋毫小李出入省
中山子遂以李為氏中行穆子

相晉衰保援壺而生子遂以
授壺氏趙孝公作冬日可愛遂
以冬日氏漱子之則遯而入周也
白馬遭如以遂名白馬氏甚至三
飯饌宣以蒸而食三飯氏又分至

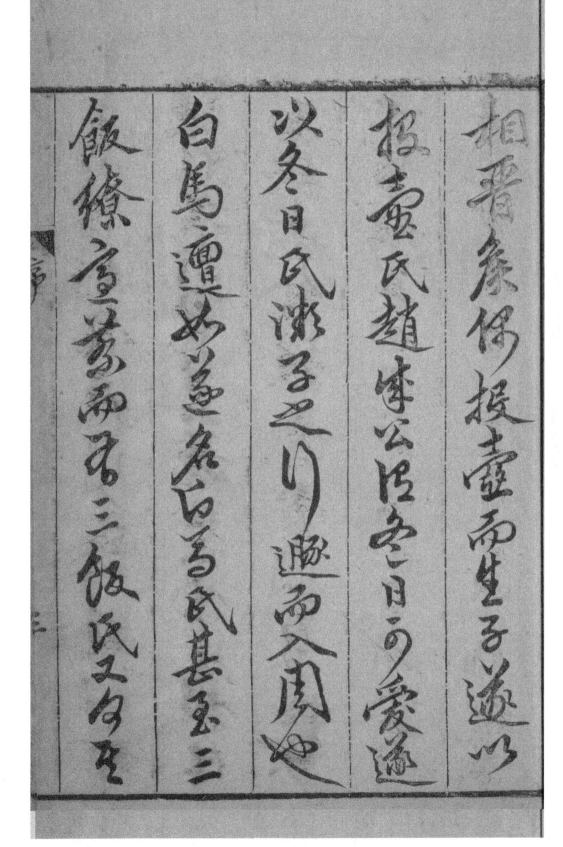

惝怳六經之甚將不有譜牒以昭太初又何本支之足據昭穆之足循也余叔楊園脩第一姓書少所見多而怖以為得未曾有而上自黄虞下迄昭代尚後

寥寥嗟歟，日考之，如探星漢之躔
紀，如溯河源而決其流，愈往而愈
出無窮。遂彙一編，列為千卷，實
詎以姓標者夸多鬭捷耶？其
人忠孝節義道德文章載諸

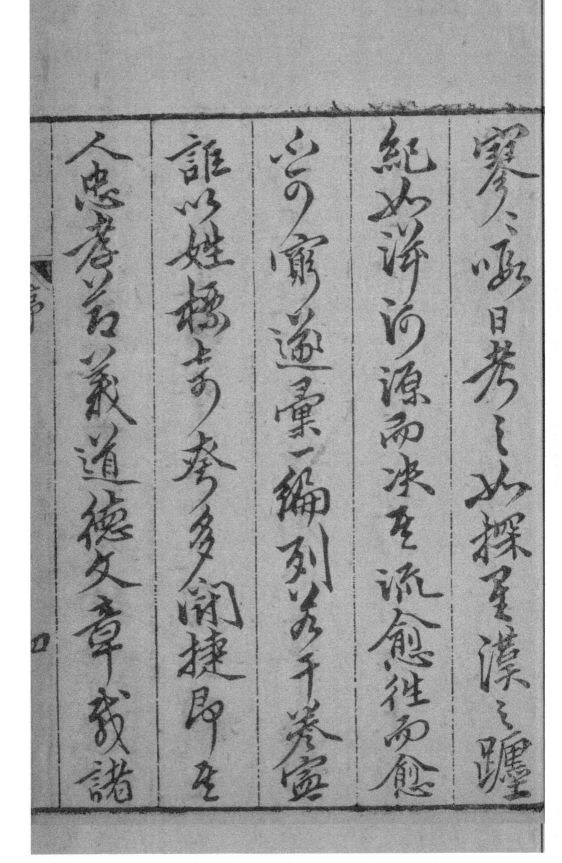

行事載鴻箋畫膚名高鈒
鏤成瑾瑜芳潔迹抗烟蘿一一
摟之以揚風烈示勸也多則乖篇
累牘百千以筭計而不休少則書
姓名人僅以兩隻字示褒貶也定為

部落旗裹夷姓繁夥以革
夷之外亦敢篡入象胥來伏偒義
為王畿亞子亦所亟收示大一統之規
古者觀之不惟可以紬着睫瀆
行誅一經一緯人紀人綱亦廢尊

有關於名家矣唯李姓尤多常
族由人以進書為康王今為懸錄
蓄也隱急之也折以藥而為擊
苦而三歎矣詩曰之曰厥初生民
時惟姜嫄從所生也又曰下武維周

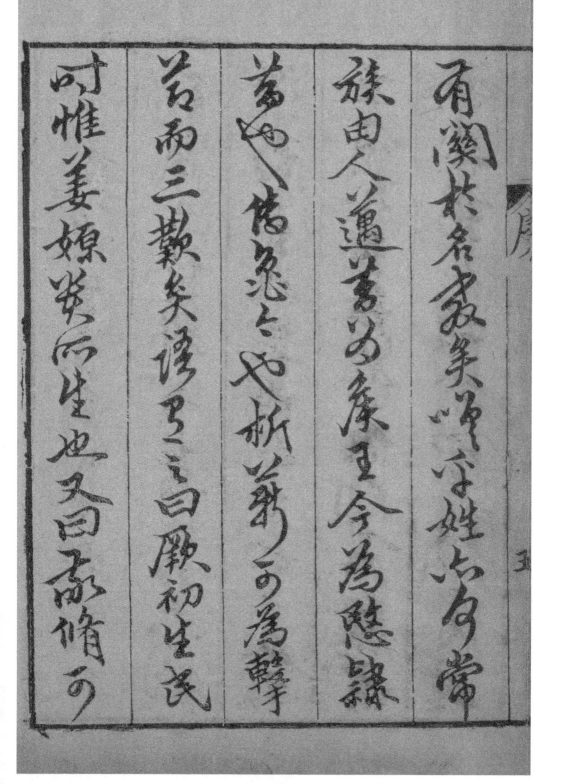

顧亭泰東生嘗自號如是本郷張
稱霸名范雎好謾聲於六國
運動易姓梁鴻紀民於千秋之
亦有以自振雄以為人家歌懸寓
湮滅希耀發而又何當姓

之足云

冰蓮花人夏樹芳譔

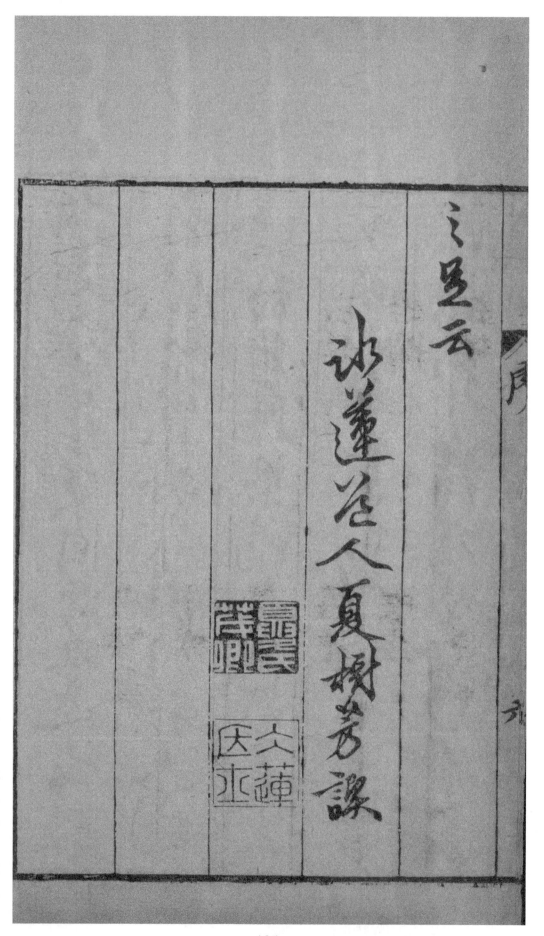

奇姓通卷一　上平

東不訾

鴻駈魋

戎賜

弓林

衆仲

叢蘭

功景

蟲達

雄陶

樅公

紅侯

公晳哀

蕺律　　仝寅

蓬球　　終古

充虞　　衷愉

風胡　　逢丑父

酆舒　　農益

种拂　　鬷蔑

隆英　　攻生單

沖敬　中期

桐君　宮他

恭播　從龍

佟萬　雍無逸

供仲序　容成

冬壽　共華

松贇　庸芮

卬疏　　儂奭

降銘　　逢萌

雙漸　　邦嚴

蜀闖　　菑莊

夷逸　　猗頓

被衣　　提彌明

騅歙　　裨惠

僖負羈　夔靖叔

倉間尺　箕澹

其石　葵方直

移良　師經

茨充　頤貺

脂習　蚳鼉

儀長孺　旗光

羲和　之馬宇

麋竺　邳彤

遲超　丕鄭

絺宗周　彌遜

耆域　斯離

馳九垓　危翁一

雎世雄　幾瑟

耵夷　彨跖

宜桂可　離婁

眭夸　蒒成之

訾祏　鼇豔

亓度　綦崇禮

尼養德　孋仲仁

池仲魚　甲整

遺失餘　岐靈岳

皮容　尸佼

隋昱　嬀皓

狶韋　非調

希績　奇景中

賁赫　飢恬

肥義　飛瀑

盧俗　居般

胥偃　漁仲修

礽暐　拏薄

鉏麑　璩抱朴

餘頎　豫讓

詩朱鳶　邗侯

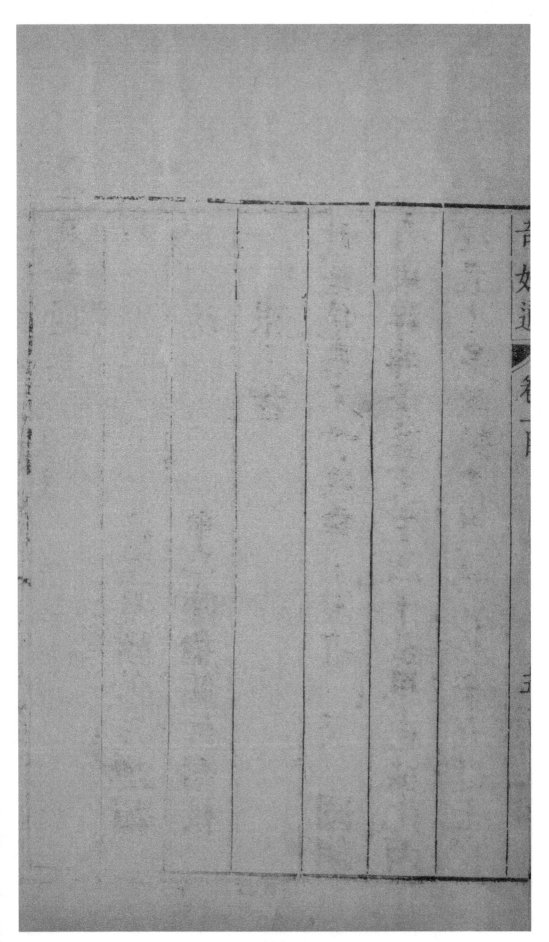

奇姓通卷一 上平

江陰夏樹芳茂卿輯
華亭陳繼儒仲醇校

東不訾

升庵集東不訾爲舜七友之一又 國朝有東昇博學能文生四子長思忠成化丙戌進士多政績次思誠弘治辛丑進士官

太常崔志端之紊亂中官何文鼎以直言得辠又嘗合臺諫救之至於忤 旨下獄而志未嘗少挫 武宗朝逆濠變起公率兵禦之擒其黨百數方其 南巡至境上見公猶記公前任總制時過桑乾隮水事屢形顧問逆彬數有譖言竟亦無他十五年以六年考滿陞南京工部尚書年六十

戎賜

漢書。戎賜封柳丘齊侯。以連敖從起薛。以三隊將入漢定三秦。以都尉破項籍軍爲將軍侯八千戶。又唐有戎昱至德間進士。嘗著元戎出塞詩。京兆尹李鑾欲妻以女。命改姓戎拒之。

弓林

漢安陵人與方望立孺子嬰又唐狀元弓嗣業

衆仲

左傳隱公問於衆仲曰衛州吁其成乎對曰臣聞以德和民不聞以亂以亂猶治絲而棼之也夫州吁阻兵而安忍阻兵無衆安忍無親衆叛親離難以濟矣夫兵猶火

有八。公器度閎偉。才識敏達。所學期經世
而言論足以發之。奉使經營四方。未嘗以
艱險避。威名在邊塞。利澤在國家。可謂一
代之名卿才大夫矣」又南北朝叢鐇爲滁
州刺史。

功景

晉人見風俗通。

蟲達

漢書高祖封曲成侯初以西城戶將三十七人從起碭至霸上爲執金吾五年爲二隊將屬周呂侯入漢定三秦以都尉破項籍陣下侯四千戶以將軍擊燕代

雄陶

虞舜七友又宋有雄飛眉州人政和進士

樅公

史記漢王使御史大夫樅公周苛守滎陽樅公與周苛謀曰反國之王難與守城乃共殺魏王豹楚下滎陽城生得周苛項王謂周苛曰爲我將我以公爲上將軍封三萬戶周苛罵曰若不趣降漢漢今虜若若非漢敵也項王怒烹周苛并殺樅公

紅侯

楚元王後又　國朝有紅尚朱陽曲人正統中任鄖西縣丞

公晳哀

齊人有清操不仕家臣孔子賢之又史記公仲連趙烈侯相國烈侯燮歌者槍石二人欲錫之田萬畝三問而三不與乃稱疾

不朝。

莪律

春秋人。官氏志莪眘氏改爲莪氏。

仝寅

山西安邑人。少瞽而聰警。學京房易占斷多奇中。上皇北狩。遣太監裴當問寅。寅筮得乾之初九。奏曰。大吉。庚午中秋還

駕後七年復辟已而悉如所言錦衣指揮盧忠誣告南宮請卜於寅寅以大義叱之曰是大凶兆忠大懼佯爲風狀二事尤爲人所敬服

蓬球

字伯堅北海人晉大始中入山得道見西陽雜俎

終古

夏太史桀將亾古卽南奔楚辭求終古之所存兮又唐有終郁杜詩有賀終郿府郁詩又宋有終愼思苦志力學友人董儲薦於朝不遇董啓云曾箭高飛謂聊城之必下秦都不害懷趙璧以空歸

充虞

見孟子。漢有充申。仙人充向之後。

衷愉

寧都人。本哀姓。仕南唐。以慶賀不便。賜姓衷。官至檢校禮部尚書。南唐降宋。去官歸山。國朝衷貞吉。亦以哀賜姓。

風胡

黃帝以風后爲侍中。又越絕書。楚王召風

胡鑄劍遂鑿茨山洩其溪取其鐵英作劍三枚一曰龍淵二曰泰阿三曰工市楚王問之風胡對曰欲知龍淵狀如登高山臨深淵欲知太阿觀其鍔嵬嵬翼翼如海水之波欲知工市鍔從文間起至脊而止如珠而不可衽文若流而不絕晉鄭聞而求之不得興師圍楚於是王引太阿之劍登

城而麾之三軍破敗士卒迷惑流血千里

江水抑揚折晉鄭之頭畢白

逢丑父

逢扶風切與三江逢逢字二音史記逢丑父

爲齊良將忠勇而有謀

酆舒

左傳酆舒赤狄潞子嬰兒之臣也晉景公

之姊。伯姬潞子夫人也。舒爲政而殺之。傷

潞子目。晉伐之。或曰。酆舒有三雋才。伯宗

曰。狄有五辠。殺舒。以嬰兒歸。

農益

平南人。永樂中訓導。

种拂

字應伯。獻帝時爲太常。李傕郭汜之亂。長

安城潰百官多避兵拂揮劍而出曰為國大臣不能止戈除暴致使凶賊兵刃向宮去欲何之遂力戰而死

鬷蔑

字然明鄭大夫晉叔向如鄭蔑惡執器堂下一言而善叔向曰必然明也下執手以上曰子少不揚若無言幾失子矣

隆英

利津人宣德中南宫知縣敦尚節約有古循吏風時有神武二衛指揮持牒至縣占地下屯公毅然爭曰吾縣無隙地惟吾廳事前地乃隙耳此外皆晉民常業不敢聞命二使知其廉介不可犯遂舍之而去擢監察御史

攻生單
漢人。

冲敬

洪武元年爲香山縣丞。時狂寇倏至。敬率民兵捍禦。寇去。一縣賴以安堵。竟以勞瘁卒於官。

中期

辨士秦昭料魏將如耳無能不如茲卯之賢左右皆曰然中期撫琴而對曰公之料天下過矣

桐君

聖濟總錄桐君黃帝時醫師隋書經籍志有桐君藥錄三卷又桐夫漢川人宋嘉定進士

宮他

韓非子。周趮謂宮他曰。爲我謂齊王曰。以
齊資我於魏。請以魏事王。宮他曰。不可。是
示之無魏也。齊王必不資於無魏者。而以
怨有魏者。公不如曰以王之所欲。臣請以
魏聽王。齊王必以公爲有魏也。必因公。是
公有齊也。因以有齊魏也」又漢有宮崇順

帝時上神書百七十卷又　國朝有宮安
官廣東副使囊橐蕭然家居十餘年足迹
不及公府都御史王竑雅重之

　　恭播

晉恭播著漢書音義十二卷漢書注四十
卷

　　從龍

字雲舉天順間爲富順知縣陞知麻哈州時民俗皆被髮左袵能教民織袵加冠仍聘鄰邑諸生訓子弟以詩書遂成衣冠禮義之俗歷任五年民立生祠祀焉陞懷慶知府又宋有從易知廣州以清德聞比還不市南物所持俸金而巳仁宗嘉之飛白書清勵二字以賜

佟萬

南北朝遼東人以文章知名海内

雍無逸

唐大曆中雍無逸爲龍州别駕吐蕃入寇無逸夜泊其城大破之封什邡縣男又國朝雍泰字世隆陝西咸寧人成化間仕至戶部尚書由吳縣知縣擢爲監察御史

舊令行皆餽樓船公不受吳人歌曰時苗留犢雍公返舟巡鹽兩淮淮竈丁貧而鰥者幾二千人比及二年俱與完室旣去淮人詠曰客邊歸槖渾無硯海上遺民盡有家又曰了却四千兒女願春風解纜去朝天公有敢死之節克亂之才後忤璫令致仕

供仲序

廣東南海人洪武中湖廣攸縣二尹。

容成

黃帝臣漢書容成著陰道二十六卷又

國朝有容師偃香山人自幼性孝正德丁丑冦偪香山師偃竊父而逃被執賊欲殺其父師偃請以身代父遂死。

冬詩

南北朝燕左司馬。國朝有冬青。宣德中清河訓導。

共華

晉惠公時。丕鄭之自秦反也。聞里克死。見共華曰。可以入乎。共華曰。二三子皆在外而不及子。使於秦可乎哉。丕鄭入。君殺之。

共賜謂共華曰子行乎其及也共華曰夫子之入吾謀也將待也孰知之知而背之不信謀而困人不知困而不死無勇任大惡三行將安入子其行矣我姑待死

松贊

北海松贊性剛烈重名義大業末有賊楊厚擁徒作亂來攻北海贊從郡兵討之輕

騎覘賊爲厚所獲厚令贇謂城中云郡兵已破宜早歸降贇僞許之旣至城下大呼曰我是崧贇覘賊邂逅被執非力屈也賊徒寡弱旦暮勦翦不足爲憂賊以刀築贇口引之而去毆擊交下贇駡厚曰賊奴何敢致辱賢良禍自及也言未卒賊巳斷其腰城中望之莫不流涕銳氣益倍北海得

完。煬帝以贊亾身殉節。優詔褒揚贈朝散大夫。

庸芮

秦宣太后病。將死。出令曰。爲我葬必以魏子爲殉。魏子患之。庸芮爲魏子說太后曰。以死者爲有知乎。太后曰無知也。曰若太后之神靈明知死者之無知矣何爲空以

生所愛葬於無知之死人哉若死者有知先王積怒之日久矣太后救過不贍何暇乃私醜夫乎太后曰善乃止

卬疏

音蛩周時人見列仙傳

儂亶

宋儂亶青州人元豐登第又宋反賊儂智

高載狄青傳狄武襄之破儂智高也賊屍有衣金龍衣者衆謂智高死欲上聞武襄不可曰安知非詐耶寧失智高不可誣朝廷也後智高走南詔被殺初朝廷未知智高存亾故久不録邕州之績至是乃命加賞將吏古來名將不苟徼功如此

降銘

固始人洪武中永嘉知縣

逢萌

北海都昌人家貧爲亭長時王莽殺其子宇萌謂友人曰三綱絕矣不去禍將及人卽挂冠東都城門浮海客遼東光武卽位累徵不起又宋有逢龍廣州人宋末隨文丞相麾下抗呂師夔逢龍戰歿之

雙漸

朱子門人。博學能文。作縣有惠政。

邦巖

南鄭人。宣德間順德通判。

蜀闖

姓苑云。梁四公子。一曰蜀闖。一曰䨲杰。一曰越𧯴。一曰仉督。其後各以爲姓。蜀音攜。

闖音趁𪓿音萬杰音本越音蜀䵿音湍仉音掌脣音親一作督

菑莊

漢青州人北海望族

夷逸

人物考夷氏逸名夷詭諸之裔也族人夷仲辛爲齊大夫夷射姑爲邾大夫獨逸隱

居不仕而輕世肆志焉」漢人有夷殺大

猗頓

漢書猗頓用盬鹽起與王者埒富又孔叢子猗頓聞陶朱公富往而問術朱公告之曰子欲速富當畜五牸於是乃適西河大畜於猗氏之南十年之間其息不可計遂以貲雄天下

被衣

被衣堯之師見古今人表被音披又吳越春秋有被離吳大夫

提彌明

左傳晉靈公飲趙盾酒伏甲將攻之其御提彌明知之趨登曰臣侍君讌過三爵非禮也遂扶以下公嗾夫獒焉明搏而殺之

盾曰棄人用犬雖猛何爲鬭且出提彌明

攷之史記提彌明卽示眯明

騅歂

周時晉大夫又騅甥鄧人

裨惠

晉桓彝長史蘇峻之亂惠與彝謀詐之又

左傳裨竈鄭大夫明天文謂陳五年而復

封封至五十二年而後亾

僖負羈

左傳晉重耳過曹曹共公聞其駢脅欲觀其裸浴薄而觀之僖負羈之妻曰吾觀晉公子之從者皆足以相國若以相夫子必反其國反其國必得志於諸侯得志於諸侯而誅無禮曹其首也於是負羈諫不聽

乃私善於重耳後伐曹虜共公以歸

夔靖叔

呂覽孔子學於老聃孟蘇夔靖叔

眉間尺

吳越春秋眉間尺干將莫邪子也復父仇以殺楚王墓在汝南北宜春縣界其事極奇詳載搜神記

國朝有眉旭洪武間人

箕澹

晋書單于猗盧與劉琨并力攻劉聰不能尅以爲聰未可滅留其將箕澹等戍晋陽後澹帥盧衆三萬人馬牛羊十萬悉來歸琨石勒攻樂平太守韓據請救於琨而琨欲因鋭以威勒箕澹諫曰此雖晋人久在荒裔未習恩信難以法御今內收鮮卑之

餘穀外抄殘胡之牛羊且閉關守險務農息士既服化感義然後用之則功可立也琨不從悉發其衆命澹領步騎二萬爲前驅勒據險要設伏以擊澹大敗之一軍皆沒。

其石

漢書其石以中謁者從入漢以郎中騎從

二十二下五十〇卅六、六二 卸

定諸侯有功封陽河齊侯五百戶功比高湖侯。

葵方直

宋員外郎。國朝有葵王涿州人弘治中順慶府同知。

移良

漢書。楊震卒。弘農太守移良承樊豐等旨。

遣吏於陜縣畱停震喪露棺道側謫震諸子代郵行書道路皆爲隕涕風俗通曰齊公子雍食采於移其後氏焉

師經

春秋師經鼓琴魏文侯曰使我言而無見違經援琴而撞文侯中旒潰之文侯曰爲人臣而撞其君者辠當烹經曰臣可一言

而效乎昔堯舜惟恐言而人不違桀紂惟恐言而違之臣撞桀紂非撞吾君也文侯曰釋之是寡人之過也懸琴以爲寡人符不補旒以爲寡人戒

茨充

漢書光武時爲桂陽太守教民樹桑蔴養蠶織屨章帝元和中荊州刺史上言臣行

部入長沙界觀者皆徒跣臣問御佐曰人無履亦苦之否對曰十二月盛寒時並多剖裂血出燃火燎之春溫或膿潰建武中太守茨充教之令江南頗知桑蠶織履皆充之化也

頤[illegible]

隋象川人與兄炅同學於鄭譯

脂習

脂元升哭文舉尸魏武收欲治辠以其事
直見原後見武帝武帝字之曰元升卿故
慷慨魏畧曰脂習京兆人天子西遷及詣
許昌習常隨從與少府孔融相善太祖爲
司空威德日盛融書疏倨傲習常責融及
融被誅許中百官與融素善者皆莫敢收

恤習獨撫而哭之曰文舉卿舍我死我當
復與誰語者

蚳鼃

齊大夫

儀長孺

漢西河人　國朝有儀智高密人由教官
歷官布政使尋以龔忠薦召爲禮部右侍

郎遇事務別是非不少附會　上命吏部
翰林院簡求老儒授　皇太孫經咸以智
薦　上喜曰得之矣智侍　皇太孫數年
啓迪匡佑克盡其誠沒謚文簡子銘舉經
明行修仕至兵部尚書謚忠襄

旗光

漢九江太守

羲和

路史黄帝命羲和占日僪珥旺適纓紐苞負闕啓亡浮尚儀占月繩九道之側逆糾五精之留疾

之馬字

漢人　國朝洪武中有之輔秦州教諭

麇竺

字子仲朐人世貨殖家貲巨萬呂布襲下邳虜先主妻困匱日甚竺進妹爲夫人奴客二千金銀貨幣以給軍貲賴以復振後益州平拜安漢將軍

邳彤

奚仲自薛封邳子孫因以爲氏漢邳彤信都人歸光武拜太守信都反者捕繫其父

兄妻子。使爲手書招彤。彤曰。事君者不顧家。以功封靈壽侯。圖形雲臺。

遲超

晉湘東太守。

丕鄭

荀息欲輔奚齊。鄭曰。事君從其義。不阿其惑。非里克之中立。爲惠公如秦謝緩賂。且謀除呂甥郤芮。遂爲郤芮所殺。丕與㔻同。

絺宗周

字子時。漢人。靈帝時爲黃門令。杜預云。野王西南有絺城。

彌遜

徽宗時。彌遜知冀州。金人犯河朔。捐金帛。募勇士。邀擊其遊騎。斬獲甚衆。兀术相戒

不敢入境

着域

周時天竺一人善呪水

斯離

史記秦尉斯離與三晉伐齊又三國志斯敦東陽人吳赤烏閒父偉爲廷尉失儀當斬敦叩頭泣血請以身代吳王嘉其孝赦

偉皐仍表其廬。

馳九垓

仁壽人成化中薦賢書。

巵翁一

宋巵翁一光澤人家貧業樵靖康中聞徽欽二帝北行哭三日骨立而死寄庵李炳以詩弔之云南鄉老人巵翁一歲晏雨晴

扶杖出驚聞二聖塵再蒙歸闔柴門哭三
日眼空愁絕聲遂止里人唁翁翁欬矣凜
然生氣中包胥萬古千秋葬忠義又宋有
危積號驪塘　國朝有危素
　　睢世雄
圖繪寶鑑睢世雄宋人澹墨灘瀧工魚水
画又　國朝有睢稼洪武中御史請建卧

三十九下五七○卅三下五七

碑者。

幾瑟

韓大夫。

盱夷

國策齊魏約而合楚。以董慶爲質於齊。楚攻齊。大敗之而魏弗救。田嬰怒。將殺董慶盱夷謂田嬰曰。楚攻齊。大敗之而不敢深

人者以魏爲將内之於齊而擊其後令穀
董慶是示楚無魏也魏怒合於楚齊必危
矣不如舍董慶以善魏而疑之於楚也又
盱烈豫章人事許遜得仙元康中上升見
集仙傳

彨𨁥

漢書彨𨁥封𢎘侯以門尉前元年初起碭

至霸上爲定武君入漢還定三秦爲都尉擊項羽有功封侯耏如之切宋大夫守耏門故以爲氏

宜桂可

湘潭人號可山博通經史名在劉須溪趙青山之間

離婁

離中庶子離常之後離婁見孟子漢有離班

眭夸

魏書眭夸少有大度不拘小節好飲酒與崔浩相友善浩爲司徒奏徵爲中郎辭疾不赴曰桃簡卿已爲司徒何足以此勞國士乎桃簡浩小名也及浩誅夸爲素服經

時乃止歎曰崔公死誰能更容眭兮

　蒒成之

宋政和進士

　訾祏

國策范宣子與龢大夫爭田久而無成叔向聞之見宣子曰聞子與龢未寧徧問諸大夫又無決盍訪之訾祏訾祏實直而博

直能端辨之博能上下比之且吾子之家老也吾聞國家有大事必順於典刑而訪之於耇老而後行之宣子問於訾祏訾祏對曰昔隰叔子違周難於晉國生子輿爲理以正於朝朝無姦官爲司空以正於國國無敗績世及武子佐文襄爲諸侯諸侯無二心及爲卿以輔成景軍無敗政及爲

戌師居太傅端刑法輯訓典國無姦民是以受隨范及文子成晉荊之盟豐兄弟之國使無有間隙是以受郇櫟今吾子賴三子之功而饗其祿位旣無事矣而非龢於是加寵將何治爲宣子說乃益龢田而與之和又漢訾順以捕得反者樊竝封樓虛侯

[illegible]鹽

南北朝人見氏族志

亓度

字憲孟宋人四川漕使家多書史又唐有

亓元實爲左軍副使

綦崇禮

宋高密人累官翰林學士從高宗南渡詔

令悉出其手凡一詔下讀者輒低回感動所著有崇禮文集

又綦紹衡山人永樂舉人

又綦沖慈利人正統中大庾知縣

尼養德

益都人洪武中爲洛陽教諭倡明理學文教聿新

孋仲仁

通志。漢有孋仲仁。淮王相。

池仲魚

池子華秦相見、蔡邕文集」又漢有池仲魚、爲魏城門候。城門失火。仲魚被焚死。遂有、城門失火、殃及池魚、之諺、出韻府。

畢整

漢鴈門人。太傅掾。蔡邕作胡廣碑載之。見

風俗通

遺失餘

遺音惟見急就章遺氏本魯季氏家臣南遺之後也

岐靈岳

段秀實將吏又元有岐裕齋解州人逸其名胡元御世隱居不仕以學行鳴於時人

稱爲裕齋先生嘗於所居西南建孔顏燕居堂歲時率鄉人修祀事習禮儀敘鄉飲少長之節孫祖訓洪武中舉賢良方正歷官右都御史

皮容

儒林傳皮容瑯琊人受蒲昌齊詩又皮日休唐翰林學士黃巢入長安與孟浩然俱

隱鹿門山

尸佼

秦相商君之客商君誅乃亾入蜀作書二十篇十九篇陳道德仁義一篇言九州險阻

隋昱

五原人光武初起兵後受降拜五原太守

錡胡侯」。洪武中隋贇宮知府有異政。

嫣皓

漢尚書郎。有才略。明達國典。賞武薦於朝」。

又後漢有嫣覽。見文士傳。

猗韋

莊子。仲尼問於太史大弢。伯常騫。猗韋。曰。衞靈公飲酒湛樂。不聽國政。田獵畢弋。不應諸侯其所以爲靈公者何太弢曰是因是也伯常騫曰靈公有妻三人同濫而浴史鰌奉御而進所搏幣而扶翼其慢若彼之甚也見賢人若此其肅也是所以爲靈公也狶韋曰靈公死卜葬於故墓不吉卜葬於沙丘而吉掘之數仞得石槨焉洗而視之有銘焉曰不馮其子靈公奪而埋之

夫靈公之爲靈也久矣

非調

漢光祿大夫非調又周有非子見風俗通

希績

宋希績字紀常神宗元豐間爲淮南發運副使行巳有堅操坐元祐黨又宋有進士希習南充人

奇景中

零陵人洪武舉人令開封多此姓

賁赫

賁音肥漢功臣以告淮南王英布反封期思侯見英布傳又賁麗成帝時熒惑守心丞相翟方進憂不知所出有郎賁麗善占星言大臣宜當之上召見方進令審處方

進卽日自殺

飢恬

殷人七族有飢氏漢飢恬滇昌大豪

肥義

趙惠文王三年主父封長子章爲代安陽君章素侈心不服其弟主父又使田不禮相章也李兑謂肥義曰公子章強壯而志

大田不禮之爲人也忍殺而驕二三人相得必有謀陰賊起子奚不稱疾毋出傳政於公子成毋爲怨府毋爲禍梯肥義曰不可昔者主父以王屬義也曰毋變而度毋異而慮堅守一心以沒而世義再拜受命而籍之今畏不禮之難而忘吾籍變孰大焉進受嚴命退而不全負孰甚焉變負之臣

不容于刑諺曰死者復生生者不媿吾言已在前矣吾欲全吾言安得全吾身且夫貞臣也難至而節見忠臣也累至而行明有語在前終不敢失李兌曰諾子勉之矣泣而出四年主父乃出游沙丘異宮公子章卽以其徒與田不禮作亂詐以主父令召王肥義先入殺之公子成與李兌起四

邑之兵入距難殺公子章及田不禮滅其黨賊而定王室」又漢有肥親爲袁安仁恕掾袁安使親往中牟廉魯恭之政具狀報魯恭之賢恭遂馳名

飛濼

商紂之臣有飛廉列子有飛衛宋有飛英本朝有飛濼城固人永樂中戶部郎

字君孝。漢八年封鄔陽男。印曰盧君。兄弟七人皆好道術。遂寓於洞庭之山。故世謂盧山。見豫章舊志。 國朝有盧坦。爲南城知縣。有聲。

盧俗

居般

漢居般爲來城侯。居翁爲湘城侯。

胥偃

宋胥偃字安道少力學舉進士累遷翰林學士家有食田數十頃既貴悉分散與族人歐陽修愛其文以女妻之子元衡字平叔有學行累官尚書都官員外郎并其子茂諶俱早卒偃妻直史館刁約之妹與元衡婦韓茂諶婦謝三世皆寡居閨門有法

淮人至今稱之

漁仲修

宋元豐元年以宣德來尹慶都發奸摘伏勸課農桑人多德之

礽暐

一統志礽暐萊州人第進士官集賢院母喪廬墓側衰麻疏食者凡六年有白烏白

兎馴擾其廬又　國朝初杲字啓昭正德
中監察御史會議大禮同百官赴文華門
哭聲徹內　廷杖幾死僉壬側目是歲冬
奉　旨巡視山西河東等處鹽法鹺政大
舉商民便之

拏溥

音如衛人見戰國策

鉏麑

晉之力士○靈公不君○趙宣子驟諫○公患之○使鉏麑賊殺之○晨往○寢門闢矣○盛服將朝○尚蚤○坐而假寐○麑退而歎曰○賊民之主○不忠○棄君之命○不信○有一於此○不如死也○乃觸槐而死○

璩抱朴

唐進士璩抱朴又有璩瑗封西川侯

餘頤

晉人著複姓論唐有餘文仲論風氣武后使著書

豫讓

趙襄子滅智伯漆其頭以爲飲器豫讓遯逃山中曰嗟乎士爲知巳者死女爲悅巳

者容今智伯知我我必爲報讐而死以報智伯乃變姓名爲刑人入宮塗廁中挾匕首欲以刺襄子襄子如廁心動執問塗廁之刑人則豫讓內持刀兵曰欲爲智伯報仇左右欲誅之襄子曰彼義人也吾謹避之耳且智伯亡無後而其臣欲爲報仇此天下之賢人也卒釋去之豫讓又漆身爲

厲吞炭爲啞使形狀不可知行乞於市其妻不識也行見其友其友識之爲之泣曰以子之才委質而臣事襄子襄子必近幸子近幸子乃爲所欲爲顧不易耶乃殘身苦形欲以求報不亦難乎豫讓笑而應之曰是爲先知報後知爲故君賊新君大亂君臣之義者無此矣吾所謂爲此者以明

君臣之義非從易也且夫既巳委質臣事人而求殺之是懷二心以事其君也且吾所爲者極難耳然所以爲此者將以媿天下後世之爲人臣懷二心以事其君者也頃之襄子當出豫讓伏於所當過之橋下襄子至橋馬驚襄子曰此必豫讓使人問之果豫讓也於是襄子乃數豫讓曰子不

部二、卅二〇一、卅四、四六

嘗事范中行氏乎智伯盡滅之而子不爲報仇而反委質臣於智伯智伯亦已死矣而子獨何以爲之報仇之深也豫讓曰臣事范中行氏范中行氏皆衆人遇我我故衆人報之至於智伯國士遇我我故國士報之襄子喟然歎息而泣曰嗟乎豫子子之爲智伯名旣成矣而寡人赦子亦已足

矣子其自為計寡人不復釋子豫讓曰前君已寬赦臣天下莫不稱君之賢今日之事臣固伏誅然願請君之衣而擊之焉以示報讐之意則雖死不恨也於是襄子大義之乃使使持衣與豫讓豫讓拔劍三躍呼天而擊之曰吾可以下報智伯矣遂伏劍自殺死之日趙國志士聞之皆為涕泣

豫。平聲音舒。
詩朱鳶
後漢徵側夫詩朱鳶。
邪侯
漢上谷太守。

奇姓通卷一終

張槐

奇姓通卷二上平

如耳　微彪

魚豢　匙廣

沮誦　寀衷

書永琇　渠伯糾

閭德輿　跡源

無澤　紬湛雲

巫捷　呼子先

輸子陽　臾駢

敷季雅　徒父

紆邈　烏枝鳴

吁嬰　區寄

捘氏　糜信

蒲壽晟　殳斯

諸御巳　扶同

駒幾　吾粲

蕪怨　涂積

俱起延　旅罷師

梯儁　雞鳴時

塗曉　毋照

壺充國　娥永樂

霓濟　享臯

盂黶　狐援

犀首　嵐閣

黎醇　邽巽

洼丹　畦靚

鄭魁壘　懷敘

萊章　厓成

杯承寵　枚被

槐廣　隗相

㬥虎　來歙

台寬　臺亨

回謙　哀謙

闞紀　靁被

咍左　才寬

開趙　頵當

臣悅　菌攺

麈洪　神曜

春居　芬質

郪子士　鈞喜

郇謨　淳坤

紛彊　懃淵

昃氏　昆辯

賔須無　綸直

銀鏡　闇仁

頻暢　豚少公

闥輿罷　鱗矔

訢梵　云敞

軍延賞　渾釋之

薰戌　忻彪

勤戊　轅固

敦洽　奔術

爰類　根牟子

源湜　盆謚

原憲　屯度

甘霖　恩茂

軒和　榬終古

門克新　賁浦

藍敏　言㫃

蕃嚮　藩彭祖

蘭宗周　難從黨

馯臂　儋[illegible]

欒布　番係

但巴　冠先

干長　邗子

寬徹　檀道鸞

官鑑　鸞徼

觀射父　欑授

寒朗　營時中

蕑忌　環淵

奇姓通卷二　上平

江陰夏樹芳茂卿輯
華亭陳繼儒仲醇校

如耳

燕八年伐衞拔列城二衞君患之如耳見衞君曰請罷魏兵免成陵君可乎衞君曰先生果能請世世以衞事先生又漢有如

子禮見桓譚新論

微虒

左傳微虒晉大夫又微虎魯大夫宋微仲之後

魚豢

晉人著魏略又宋有魚周詢雍丘人早孤好學舉進士累官諫議大夫權御史中丞

多所建白時園吏見大蛇垂欄盾即視之乃周詢醉而假寐世傳其異

匙廣

蒲城人嘉靖中貢士又萬曆間延綏把總

匙北鑰蓬萊人

沮誦

黃帝史臣爲黃帝作雲書又漢有沮儁射

聲。校尉。李郭之亂。儁被創墮馬。李傕謂左右曰。尚可活否。儁罵之曰。汝等凶逆。逼迫天子。亂臣賊子。未有如汝者。傕乃殺之。又三國有沮授。沮鵠。俱爲死節之臣。

寀衷

靈帝紀有寀衷。見胡氏易傳。又見李鼎祚周易集解姓名目。

書永琇

鬱林人。天順間甌寧主簿。

渠伯糾

春秋。天王使宰渠伯糾來聘。注。渠姓。伯糾名也。王官之宰。當以才授位。而伯糾攝父之職。出聘列國。故書名以譏之。又 國朝有渠仲寧。精通地理。永樂間。 文皇召試

之用量天尺度地中物曰其下有石如虎
掘之果驗乃授本科訓術

閭德輿

見王僧孺百家譜又晉有閭和右街佽飛
督與孫秀謀誅賈后

跡源

漢時人字元流性廉潔爲尚書郎習練故

事爲九卿所重人有欲通苞苴者源曰子以言汚我從此與君別不敢更相見矣

無澤

莊子無澤與舜爲友舜以天下讓之乃自投淸冷之淵終身不反又漢有無且戾太子舍人

鮭湛雲

漢國子博士閬州人

巫捷

漢冀州刺史　國朝巫子秀家居羅岡弘治癸亥賊胡蔭彭錦扇亂子秀設奇略斬賊首百五十人賊圍其家子秀夫婦被執賊先殺其婦示子秀欲逼之降子秀厲聲駡曰死即死耳肯爲逆狗屈耶遂被害裂

其尸

呼子先

漢中關下卜師也常騎龍上華陰山見神

仙傳又　國朝有呼庭信宣德中四川參

政

輸子陽

輸姓見韻會淮南子輸子陽謂其子曰良

工漸乎矩鑿之中矩鑿之中固無物而不
用聖王以治民造父以治馬醫駱以治病
上意而民載誠中者也誠中之人樂而不
伋如鴞好聲如熊好經春女思秋士悲而
知物化矣號而哭嘰而哀而知聲動矣故
聖人栗栗乎其內而至乎其極矣

臾駢

左傳賈季奔狄宣子使臾駢送其帑夷之
蒐賈季戮臾駢臾駢之人欲盡殺賈氏以
報焉臾駢曰不可吾聞前志有之曰敵惠
敵怨不在後嗣忠之道也夫子禮於賈季
我以其寵報私怨無乃不可乎介人之寵
非勇也損怨益仇非知也以私害公非忠
也釋此三者何以事夫子盡具其帑與其

器用財賄親帥扞之送致諸竟

數季雅

犍爲人洪武中松溪知縣

徒父

秦伯伐晉命卜徒父筮之吉涉河侯車敗詰之對曰乃大吉也三敗必獲晉君其卦遇蠱曰千乘三去三去之餘獲其雄狐夫

狐蠱必其君也蠱之貞風也其悔山也歲
公秋矣我落其實而取其林所以克也實
落材亾不敗何待

紆邈

漢始平人肥鄉侯

烏枝鳴

齊大夫見左傳唐有烏重胤少爲潞牙將

兼左司馬節度使盧從史奉詔討賊陰與賊連重胤乃縛從史帳下叱兵士曰天子有命違者斬士歛手還部無敢動者憲宗嘉其功擢河陽節度使重胤善撫士其在河陽名士如溫造石洪皆辟至帳下人多稱之又　國朝烏本良慈溪人居恒講論經史喜吟詩一日得慈湖楊文元公遺書

及著春秋易解自謂如坐春風中第斯道
尤長於詩宋景濂題曰斯道之作俊潔如
朙月珠洶湧如春江濤所著有秋吟稿春
草齋集行於世

吁嬰

史記阿之吁子藝文志有吁子十八篇注
名嬰齊人七十子之後

區寄

唐時越人年十一歲二豪刼持虛所賣之童伺一豪睡取其刃殺之一豪將殺童童曰爲兩郎童孰若爲一郎童又殺一豪刺史奇之又唐有區冊南海人德宗朝韓愈爲陽山令冊往見之及歸愈爲文送別其畧曰有區生者誓言相好自南海挐州

而來升自賓階儀觀甚偉坐與語文義卓然如斯人者豈易得哉」又匾華宣州人與黄山谷游山谷贈以青玉案

葰氏

音詩左傳魯大夫施伯葰氏姓苑葰人姓沛人也

糜信

三國時麋信爲平樂太守注春秋穀梁傳十二卷説要十二卷漢議二卷

蒲壽晟

宋咸淳七年知蒲州性儉約於民一毫無所取建曾井汲水二瓶置左右人頌曰曾氏井泉千古冽蒲侯心事一般清又有蒲叔獻舉進士爲成都漕百姓歌曰運使姓

蒲民力乃蘇召爲宗正卿韓侂冑用事遂
辭去

殳斨

舜臣又殳基桐廬仙人

諸御己

楚莊王築層臺延壤百里大臣諫者皆死

諸御己違楚百里而耕乃辭其耦耕者而

入諫楚王遂解層臺而罷民楚人歌之曰薪乎萊乎無諸御巳訖無子乎萊乎薪乎無諸御巳訖無人乎今餘姚多此姓

扶同

越大夫有扶同漢廷尉有扶嘉又漢有扶少明著道德經譜三卷又南北朝扶育於龍驤三年育上表申明義康奏入郎收廷

尉賜亥。

駒幾

功臣表。駒幾以屬國騎擊匈奴。捕單于兄。封騏侯。五百二十戶。

吾粲

三國時吾粲。字孔休。為吳參軍校尉。以舟師拒魏。綆紲斷絕。為魏軍所獲。衆皆攀援號呼。吏士恐船傾沒。皆以戈矛撞擊不受。粲與黃淵獨令船人以承取之。左右以爲船重必敗。粲曰。船敗當俱死耳。人窮奈何棄之。所全活衆者數百人。」

國朝有吾紳。字叔縉。永樂間進士。仕至禮部右侍郎。文學政事。爲時所稱。」又勝國有吾衍。性簡傲。嘗自比郭忠恕。工隸書小篆。猶工於詩歌李賀無塵士氣。所著有尚書要略。九歌譜。
說文續解等書。

蕪恕

本朝平山人。宣德中任江陰大使。

涂禎

字孟賓。正德中爲監察御史。巡長蘆鹽課
劉瑾欲令割送鹽斤銀兩禎弗從瑾大銜

之後禎復命俟於朝門適遇瑾又不行跪禮遂捏旨送錦衣衛杖六十發肅州永遠充軍禎傷重竟死於獄

俱起延

南涼鎮北將軍又俱康碑唐開元博士

菸罷師

功臣表菸罷師以齊將漢王四年從淮陰

侯起擊項籍又攻韓王信於平城有功封共嚴侯。

梯儁

魏正始元年。帶方太守弓遵遣建中校尉梯儁等。奉詔書印綬詣倭國。拜假倭王。并齎詔賜金帛錦罽刀鏡采物。

雞鳴時

正統中雞鳴時字子信陝西苑馬寺監正

塗曉

唐塗曉爲江州刺史時號金聲玉色又塗定辭得道者也居石室貯五十萬錢賞廉者不得一人

母照

楊升菴外集母照開元含象亭十八學士

之一其後孟蜀有母昊多藏經史號曰蜀本宋末有母制機亦名士

壺充國

史記武帝遣大鴻臚壺充國副相如使邛筰西南夷又壺遂爲諫議大夫韓安國薦於朝定律曆

娥永樂

北齊廢帝時常山王演有異謀武衛娥永樂武力絕倫又被文宣帝重遇撫刃思效廢帝性吃訥兼倉卒不知所言永樂乃內刃而泣演遂斬之

覔濟

福山人正統中雩都知縣

辜臯

韶州人洪武初知德興縣宣布號令招撫流亾修建學宮橋梁民樂趨事百里之内雞犬相聞皆臯力也

盂黶

左傳盂黶衞人蒯聵之黨敵子路以戈擊之斷纓子路曰君子死冠不免結纓而死

又晉有盂丙

狐援

齊湣王諫臣。又國策有狐卷子。魏文侯問狐卷子曰。父賢足恃乎。曰不足。子賢足恃乎。曰不足。兄弟賢足恃乎。曰不足。臣賢足恃乎。曰不足。文侯勃然作色曰。寡人問此五者於子。一一以爲不足。何也。曰父賢不過堯。而丹朱放。子賢不過舜。而瞽叟頑。兄

賢不過舜而象傲弟賢不過周公而管蔡誅臣賢不過湯武而桀紂伐君欲治從身始望人者不至恃人者不久

犀首

魏之陰晉人也嘗相魏後復相秦嘗佩五國之相印爲約長」 國朝有犀希古獲鹿人

嵐閣

嵐下珪反五代時梁將

黎醇

字希聲治春秋東坡故人歐陽公亦喜之宋英宗朝爲直講上問蜀士於歐陽修修曰文行蘇洵經術黎醇有遠景樓賦

邽巽

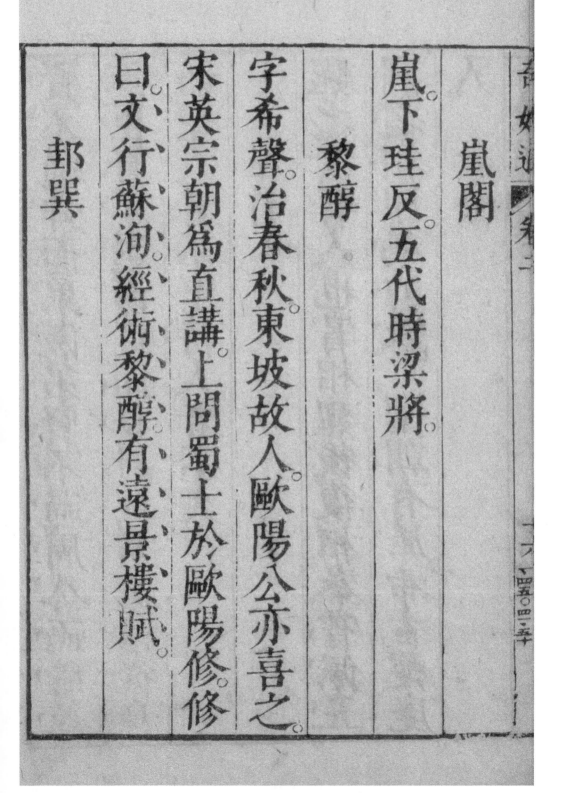

魯人。字子斂。孔子弟子。　國朝有邽仲德。

邽。音圭。

洼丹

漢洼丹。字子玉。南陽人。世傳孟氏易。徒衆數百人。建武初爲博士。歷遷大鴻臚。作易通論七篇。世號洼君通。

畦覩

漢人。

鄸魁壘

鄸。東海之邑。左傳。鄭人俘鄸魁壘賂之以知政。注。鄸魁壘晉士。

懷敍

顧雍傳。呂壹爲中書典校諸宮府及州郡文書。漸作威福。遂造作榷酤障管利後姦皐發露。收繫廷尉。顧雍往斷獄。壹以囚見。雍謂壹曰。君意得無欲有所道。壹叩頭無言。時尚書郎懷敘面詈辱壹。雍責敘曰。官有正法。何至於此。

萊章

左傳。晉侯將伐齊。使來乞師。曰。昔臧文仲以楚師伐齊。取穀。宣叔以晉師伐齊。取汶陽。寡君欲徼福於周公。願乞靈於臧氏。臧石帥師會之。取廩丘。軍吏令繕。將進。萊章曰。君卑政暴。往歲克敵。今又勝都。天奉多矣。又焉能進。是躛言也。役將班矣。晉師乃還。

厓成

卭州大足人。永樂中任知府。

杯承寵

姓苑杯承寵宋元豐間知洪州又漢有杯育治終始言黃帝以來三千六百二十九歲帝世年世多有內簡見漢書律曆志

枚被

六國時賢人漢枚乘爲吳王濞郎中王有異謀切諫不納去而之梁子枚皋字少孺

武帝時爲郎善賦頌揚子雲曰飛書馳檄則用枚皋高文典册則用相如

槐廣

唐人見韋蘇州詩

隗相

漢犍爲人事母孝母惡江邊水不潔必得江心水乃就飲食相必衝風濤放舟江心

汲之後江中忽湧出一石舟乃可依人以爲孝感所致朝廷徵拜爲郎

纍虎

纍音縲黄帝妃西陵氏纍祖其後遂以爲氏纍虎晉大夫又南北朝纍澄後趙將

來歙

光武拜大中大夫時方以隴蜀爲憂歙自

請曰臣嘗與隗囂相遇長安其人始起以
漢爲名今陛下聖德隆興臣願奉威命開
以丹青之信囂必束手自歸則述當自亾
不足圖也帝然之後攻公孫述乘勝遂進
蜀人大懼使刺客刺歙歙帶刺自書上表
曰臣夜爲賊傷中臣誠恨奉職不稱以爲
朝廷羞理國以得賢爲本太中大夫段襄

骨鯁可任臣兄弟不肖終恐被皐書畢投筆抽刃而絕帝省覽流涕贈征羌侯又

國朝有來恭三原人由貢士歷官都御史正色立朝彈劾不避權貴有讒恭者皇祖私幸其第見夫人紡帛恭鋤菜遂誅讒而益重恭

台寬

北史遼西郡守玄孫峯樂陵公峯子昂長沙公昂弟光安平侯

臺亨

宋臺亨元豐間人與司馬溫公著閭閻之書者五人亨其一也又晉有臺彥治京房氏易善圖讖秘緯天文河洛之書隱居商洛南山又唐人有臺濛楊行密表薦爲觀

察使。

回謙

巢人。宣德中監察御史。陞慶遠知府。

哀謙

字彥先。崇安人。靖康中。耕隱黄洋原。結廬鳴玉泉。有時人不羨田園樂。只羨相如駟馬車之句。又漢有哀仲。善種梨。名哀家梨。

闚紀

路史闚紀補鈌鵕治决法皆黃帝之臣

靁被

淮南列傳元朔五年太子學用劍自以爲人莫及聞郎中靁被巧乃召與戲被一再辭讓誤中太子太子怒被恐此時有欲從君者輒詣京師被卽願奮擊匈奴太子遷

數惡於王被遂亡至長安上書自明

哈左

弘治中光州舉人任平鄉教諭

才寛

永平志才寛字汝栗遷安人成化戊戌進士歷知西安淮安二府多異政決疑獄如神巡撫甘肅以便宜行事軍法嚴峻所向

克捷官兵部尚書正德巳巳虜犯邊躬爲督戰因伏兵起遂遇害訃聞加太子少保謚襄敏

開趙

宋開趙武功大夫英州刺史嘗取肝救父詔曰開趙昔忠於國今孝於家特轉團練副使

頹當

漢七國反時頹當爲將軍遺膠東膠西書曰奉詔誅不義降者赦不降者滅之王何處須以從事

臣悅

唐人撰隋平陳紀

菌改

呂覽秦小主夫人用奄變羣賢不悅公子連亡在魏聞之欲入因羣臣與民從鄭所之塞右主然守塞弗入公子連去入翟從焉氏塞菌改入之夫人聞之大駭公子連至雍圍夫人夫人自殺公子連立是爲獻公然右主然而將重辠之德菌改而欲厚賞之監突爭之曰不可秦公子之在外者

衆若此則人臣爭入亡公子矣此不便主獻公以爲然故復右主然之辠而賜菌改官大夫賜守塞者人米二十石獻公可謂能用賞罰矣

麃洪

鄲縣人正德間沙河教諭又有麃昂胥山東莘縣人任贛州經歷

神矐

後漢人。官騎都尉。又宋神應龍。開寶進士。韶州人。

春居

呂覽。齊宣王爲太室大。益百畝。堂上三百戶。以齊之大。具之三年而未成。羣臣莫敢諫。春居問於宣王曰。荆王釋先王之禮樂而樂爲輕敢問荊國爲有主乎王曰爲無主賢臣以千數而莫敢諫敢問荊國爲有臣乎王曰爲無臣今王爲太室騷動國中而羣臣無所措口臣請行矣遂趨而出王曰春子春子反何諫寡人之晚也寡人請今止之遽召掌書曰書之寡人不肖而好爲太室又

洪武中有春生物春仲和一

爲垣曲人。一武昌人。

芬質

周時爲魯大夫。

鄄子士

春秋有鄄子士。衛縣大夫。鄄。音眷。衛侯自鄄入。遂以爲氏。

鈞喜

漢廷御史又鈞仲甫。元豐進士。眉山人。

郇謨

唐晉州人。元載盛時。謨以麻總髮。持竹簡葦筩。行哭長安東市。人問之。曰。吾有字三十。欲以獻上。有一字不中。願以筩貯屍。席褁而棄之。代宗召見。賜以衣。館內客省。問狀。多譏切載。

淳坤

宋遂寧人端平進士

紛彊

國策樓悟約秦魏魏太子爲質紛彊欲敗之謂太后曰國與還者也敗秦而利魏魏必負之負秦之日太子爲糞矣太后坐王而泣王因疑於太子令之留於酸棗

慹淵

宋慹淵。端平進士。慹玄。元祐進士。俱瀏陽人。國朝慹會。梧州府同知。亦瀏陽人。

炅氏

音殷。左傳。遂人、四族、有炅氏。亦作因。

昆辯

齊人。師古曰。齊人也。與靖郭君善。見戰國策。

賔須無

齊大夫。國朝賔禮慶。永樂中永州府推官。公平寛大。訟者至庭下。以禮義諭之。人多感化。獄無繫囚。

綸直

三國志。公孫瓚臣綸直。

銀鏡

山西太原人。正德間進士。初知雞澤縣。節財減賦。流民復業。學校中彬彬禮讓。薊州寇至。賊望風解退。陞戶部尚書郎。

閭仁

漢廣平人。又 國朝有閭敬。登州人。洪武中安吉州知州。

頻暢

漢酒泉太守。見風俗通。

豚少公

漢人。見印藪。

闔輿罷

左傳。楚與吳吳師戰于公壻之谿。吳師大敗。吳子乃歸。囚闔輿罷。闔輿罷請先。遂逃歸。

注與罷楚大夫言吳惟得楚一大夫復失之所以不克

鱗矔

周時人鱗矔宋司徒鱗朱宋大夫

訢梵

漢章帝時人治曆數

云敞

漢書云敞字幼孺平陵人師事同縣吳章王莽子宇與章謀夜以血塗莽門若鬼神之戒事發莽殺宇章坐腰斬初章爲當世名儒弟子千餘人皆禁錮門人盡更名他師敞時爲大司徒掾自劾吳章弟子收章尸葬之京師稱焉官至中郎諫大夫

軍延賞

南北朝臨川內史。

渾釋之

平聲唐蘭州人有才武世為本州都督從朔方軍屢立戰功封寧朔郡王與吐蕃戰歿子瑊年十一隨釋之防秋立跳盪功勇冠三軍復從李光弼定河北又從郭子儀復西京討安慶緒官至檢校尚書右僕射

同平章事贈太師謚忠武瑊天性忠謹通
春秋漢書慕司馬子長之爲人自敘著行
紀一篇功高而志益下世方之金日磾故
帝始終信待云

薰成

成化初薰成任建寧衛千戶

忻彪

渤海人。五代進士。國朝有忻恭遜博羅人。官教諭。

勤戌

魯大夫。國朝有勤璽。曹縣人。成化進士。

轅固

轅固。齊人。漢景帝時爲博士。以廉直稱。拜清河王太傅。疾免。武帝立。復以賢良徵。諸儒多嫉毀曰。固巳老。罷歸之時。年巳九十餘。公孫弘亦徵。仄目事固。固曰。公孫子務正學以言。毋曲學以阿世。人皆憚之。先是竇太后好老子書。召問固。固曰。此家人言耳。太后怒曰。安得司空城旦書乎。乃使固入圈擊彘。上知太后怒而固直言無辠。乃假固利兵。下固刺彘。正中其心。彘應手而倒太后默然。

敦洽

衞醜人。國朝有敦鐸。滁州人。宣德中保定推官。

奔衍

宋咸淳進士安福人。其先有石敬塘將奔洪進。

爰類

漢厭次侯又爰延字季平陳留外黃人爲侍中桓帝嘗問朕何如主對曰中主帝曰何以知之曰尚書令陳蕃任事則治中常侍黃門預政則亂是以知之帝嘉其言後拜大鴻臚

根牟子

周人善著書

源湜

字仲源高郵人洪武初監察御史出知辰州過武昌有黃鶴樓詩云武昌城高山勢雄黃鶴一去危樓空乾坤二氣開勝境江漢萬古生濤風雨餘鸚鵡晚霞碧霜落鳳凰秋樹紅檻前石刻已陳迹老仙何處騎

飛龍。

盆謚

漢中郎將。

原憲

家語。原憲居魯。環堵之室。茨以蒿萊。上漏下濕。匡坐而絃歌。子貢乘肥馬。中紺而表素。軒不容巷。往見之。原憲楮冠藜杖而應門正冠則纓絕振襟則肘見納履則踵決子貢曰嘻先生何病也憲應之曰無財之謂貧學而不能行之謂病憲貧也非病也若夫希世而行比周而友仁義之匿車馬之飾所不忍爲也乃拽杖拖履行歌商頌而反聲滿天地如出金石子貢慙不懌而反終身恥其言之過也又左傳有原繁厲

公入殺傅瑕使謂原繁曰傅瑕貳周有常刑既伏其辠矣納我而無貳心者吾皆許之上大夫之事吾願與伯父圖之且寡人出伯父無裏言入又不念寡人寡人憾焉對曰先君桓公命我先人典司宗祏社稷有主而外其心其何貳如之苟主社稷國內之民其誰不爲臣臣無二心天之制也

子儀在位十四年矣而謀召君者庸非貳乎莊公之子猶有八人若皆以官爵行賄勸貳而可以濟事君其若之何臣聞命矣乃縊而死

屯度

蜀漢法部尚書

甘霖

懷寧人洪武中爲監察御史特立敢言中臺倚重之靖難後被執持論不屈從容受戮子孫相戒不復求仕朝士傷之

恩茂

南北朝慕容燕東庠祭酒

軒和

漢諫議大夫　國朝有軒輗河南人永樂

進士歷官刑部尚書性廉介律已嚴毅有
守有爲得大臣之體

櫰終古

漢禦兒侯斬樓船將軍又漢有櫰溫舒

門克新

一統志門克新秦州人洪武中爲秦州儒
學訓導秩滿來朝時天下學官入覲者咸

命侍朝或試文辭詢問經史及民間政事
得失在列者多應對不稱旨獨克新敷奏
亮直　上甚重之擢拜爲左春坊左贊善
未幾陞禮部尚書

賁蒲

賁音奔曾人見風俗通又漢有賁嵩汝南
人清操之士

藍敏

漢藍敏著童眞記一卷又藍諸爲中山大夫宋有藍喬龍川人　國朝有藍山藍澗學詩於杜清碧有詩集行世即墨有藍田博學爲御史以諫廢居

言於

孔子弟子

蕃嚮

漢末名士錄。曾國蕃嚮。字嘉景。與度尚張邈王考劉翊胡母班秦周王商爲八厨。時稱海內修整蕃嘉景

蕃彭祖

漢人。

藺宗周

唐人撰水氣略三卷　國朝蘭以權襄陽人洪武初以人才選授中書省照磨因撫安廣西蠻寇歷陞應天府尹以端謹稱

難從黨

南北朝難從黨出鎮河東號小朝廷

馯臂

儒林傳商瞿子木受易孔子以授魯橋庇

子庸。子庸受江東馯臂子弓。師古曰馯。姓也。音韓。字子弓。

儋翩

周大夫。又漢有九真太守儋萌。

欒布

漢欒布。梁人也。彭越爲家人時嘗與布游。及越爲梁王。請布爲大夫。越被族誅。高祖梟彭越頭於雒陽下詔曰有敢收視者輒捕之布從齊還奏事彭越頭下祠而哭之吏捕布以聞上召布罵曰若與彭越反耶趣烹之方提趣湯布曰方上之困於彭城敗滎陽成皋閒項王所以遂不能西徙以彭王居梁地爲之力爭也且垓下之會微彭王項氏不亾今陛下一徵於梁彭王病

不行而陛下疑以爲反反形未見以苛小案誅滅之臣恐功臣人人自危也今彭王已死臣生不如死請就烹上壯其義乃釋之拜爲都尉

番係

漢河東守言轉漕事武帝用之

但巴

但音丹漢濟陰太守　國朝有但士悅長
壽人祖友賢沒任悅以嫡孫承重旣葬廬
墓三年按察使彭公韶表之

冠先

宋人以釣魚爲業居睢水旁百餘年得魚
或放或賣或自食之常着冠帶好種荔枝
食其葩實焉宋景公問其道不告卽殺之

後數十年踞宋城門鼓琴數十日乃去

干長

劉向别錄干長平陰人著天下忠臣九篇

又晉有干寶字令升著晉紀二十卷咸稱良史作搜神記三十卷以示劉惔惔曰卿可謂鬼之董狐仕晉為始安太守

邢子

周時人居蜀好道往來蜀山百餘年

寬徹

漢陽人洪武進士使西域

檀道鸞

字晉安撰續晉陽秋二十卷宋有檀固上書言朝廷罷呂大防蘇轍范純仁而用章惇曾布蔡卞去三賢而進三凶書奏報罷

官鑑

宋人朱文公石鼓書院記云蘇侯栩官侯鑑皆齎金幣割公田以佐其役

鸞徼

呂覽趙簡子沈鸞徼於河曰吾嘗好聲色而鸞徼致之吾嘗好宮室臺榭而鸞徼爲之吾嘗好良馬善御而鸞徼來之今吾好

十六年矣而未嘗進一人不祛之何待

觀射父

楚大夫能作訓辭對楚昭王詳言重黎之事備載國語又觀丁父鄀人楚軍師

欑授

漢欑授漁陽人字仲華見海西先賢傳欑音鑽

寒朗

漢博士寒朗魯國薛人字伯奇舉孝廉章帝時考察楚獄出無辜者千餘人累遷至太尉

菅時中

湖廣人洪武進士授西充知縣勸課農桑作興士類民有去後之思歷官布政使

蕑忌

漢書淮南王長。廢先帝法。居處無度。出入擬於天子。大夫但士開章等。與棘蒲侯太子奇謀反。遣人使閩越及匈奴四路徵兵。吏覺知。使長安尉往捕開章。長匿不予。與故中尉蕑忌謀殺以閉口。爲棺槨衣衾葬之肥陵邑。蕑音姦。

環淵

道家有環淵上下篇其後有環濟著書名要略凡十卷

奇姓通卷二十一終

奇姓通卷三下平

肩龍　　藿永均

專諸　　年富

編意　　還無社

阡能　　賢敢

權皋　　緡桓

玄俗　　堅鐔

千獻　牽招

駢恭　鮮思明

全琮　芊戎

前刺　連肩吾

偏呂張　泉仙

涓勳　弦高

緜房甥　仙源

延篤　銓徵

先彰　顛頡

乾思彥　搴揚

拳彌　淵歙

然子堪　宣秉

聯謙　天老

籛鏗　騫味道

監伯陽　蟜固
條攸　搖毋餘
鄡單　銚期
皋如　堯須
聊倉　要離
寥呺　譙玄
毫康　鼂錯

刁閒　蒿賔

么謙　椒皐

亰允　胥略

瓢雄　漕中叔

摽守經　稍騰漢

韶石　超喜

貂勃　雕延年

澆彧　橋仁

麃公　徭偉

朝景煥　昭奚恤

鈔秀　巢猗

邟志道　抄恧

洨孔車　匏敏

膠倉　牢丘

招父　　糟士奇

勞丙　　桃豹

樛留　　蓨宗

咼文光　　繁延壽

渦尚　　阿眄

苛異　　佗羽

多軍　　家鉉翁

虵玄　荼恬

佘起　蛇后

奢龍　巴蔓子

杷秀　夸父

瑕禽　鄘巴

花驚定　衙謹卿

芒卯　防廣

囊瓦 光逸

狼瞫 傷省

鄘埜 坊蒙

陽惠元 邙〔火彖〕

卬秖 巹左

香車 莢清

涼茂 芳乘

奇姓通卷三 下平

江陰夏樹芳茂卿輯
華亭陳繼儒仲醇校

肩龍

金史肩龍字舜卿宣宗初欲殺從坦肩龍上書謂坦有將帥材願代死詔問汝與從坦交分厚歟肩龍曰臣知有從坦從坦未

嘗識臣從坦寃諸臣不敢言臣敢以爲諍
之宣宗感悟赦從坦

翟永均

洪熙初任光祿大夫又翟璿唐中書舍人

專諸

刺客吳公子光謀殺王僚伏甲於窟而享
王使諸進炙魚實劍其中刺之交胷闔閭

以爲上卿又吳越春秋專諸謂公子光曰凡欲殺人君必先求其所好吳王何好光曰好味專諸曰何味所甘光曰好嗜魚之炙也專諸乃去從太湖學炙魚三月得其味安坐待公子命之註專諸一曰鱄設諸

年富

國朝名臣見楊升庵外史

編意

漢編意頴川人隱論出人能與鬼神交通

還無社

蕭大夫春秋宣公十二年楚子伐蕭蕭潰無社因司馬卯號申叔展目於眢井而拯之左傳還還音旋

阡能

唐印州牙官。

賢政

晉賢政。南涼樂都潰。諸城皆降。政固守不下。守節而亾。

權臬

唐天寶中舉進士。爲臨清尉。安祿山欲置幕府。臬度其必叛。因獻俘京師。僞稱病卒。

未幾祿山果叛。玄宗擢拜監察御史、後客洪州。屢徵不就。時人仰其高節。名入卓行傳。。

繙桓

河南固始人。正統間廣東都司指揮。姓苑有繙氏。

玄俗

希姓錄。玄俗。河間人。賣藥都市。漢河間王病瘕。買藥服之。下蛇十餘頭。遂愈。俗有形無影。王乃呼俗日中看。實無影。王欲以女配之。俗忽亾去。後人復見於恒山下。」又世本黃帝臣有玄壽。作鏡。

堅鐔

漢紀。堅鐔。字子伋。襄城人。從光武爲偏將

軍以功封合肥侯圖形雲臺又　國朝有
堅晟秦州人以歲貢知山東博平縣事嘉
靖間流賊弄兵所在州縣望風披靡守令
皆棄印綬逃去公葺雉堞礪戈鋋督民兵
爲守之賊且至公與妻子別曰爲臣爲忠
我固甘心爲孝爲節汝輩當自計毅然出
乘郭登埤率衆固守賊計窘舉火燔城風

大起公頓地呼天卒能反風滅火賊遂遁去事聞於　朝晉秩賜金民立忠義祠祀之。

千獻

漢千獻蜀郡都尉見風俗通。

牽招

字子經魏文帝時右中郎將次子弘猛毅

有父風隨鄧艾伐蜀有功拜振武護軍在綿州築臺爲京觀以彰武功又晉有韋秀字成叔有辯才弱冠得美名補新安令賈謐二十四友秀其一也見潘岳傳

駢恭

大名人永樂中戶部主事

鮮思朙

蜀漢司空。國朝有鮮延年。知順慶府。以循吏稱。

全琮

字子璜。三國時人。父柔爲桂陽太守。嘗使琮將米數千斛入吳市易。價琮悉以賑貧。柔更奇之。後仕吳爲奮威校尉。領東安太守。招集流竄數月。得萬餘人。加右大將軍

芊戎

昭哀王時人。爲將、攻楚、取新市。

前刺

五代時晉飛龍將。

連肩吾

唐人。著、金英玉髓經、十卷。又連久道、字可久。江湖得道之士。年十二能詩。父攜見熊

曲肱賦漁父詞云蘆花輕逐微瀾蓬颸獨
自淸閒一覺游仙好夢任他竹冷松寒後
爲黃冠得道往來西山又 國朝有連盛
成化進士任御史剛介方正貴戚斂手正
德初逆瑾擅權抗直不附瑾怒流竄海南

偏呂張

漢人見急就章楚之軍帥使主偏者因以

爲姓。司馬法曰。車十五乘曰偏。呂張言心呂之臣。可張大王室也。

泉仙

字思道。豐陽人。世雄商洛。世襲本縣令。仙年十二。鄉人詣州請仙爲縣令。雖童幼而好學恬靜。百姓安之。性又清約。在縣五年。每於鄉里運米自給。除洛州刺史。見北史。

涓勳

漢人劾薛宣者又齊人有涓子

弦高

左傳弦高鄭商人遇秦師於滑和以牛十二犒師曰敝邑爲從者淹居則具百日之積行則備一夕之衞且遽告於鄭秦遂不敢襲鄭又左傳有弦施弦多

縣房甥

左傳有縣房甥又晉有縣思張方腹心之士

仙源

長治人紹定間固安知縣

延篤

字叔堅博通經傳桓帝拜爲議郎與朱穆

等共著作東觀李文德曰叔堅有王佐才奈何屈千里之足乎欲引進之篤固辭爲京兆尹政用寬仁先是邊鳳爲尹亦有能名三輔爲之語曰前有趙張後有邊延既卒鄉里圖其形於屈原廟所著有論銘等凡二十篇

銓徵

漢捕羌校尉斬黃巾賊

先軫

左傳先軫晉大夫文公城濮之戰軫謀居多後入狄師死之狄人歸其元面如生封爲蒲城伯子且居晉襄公以三命將中軍是爲霍伯又唐有先汪合江人七歲日誦萬言貞元中舉孝廉尋退居安樂山講九

經以明道。

顛頡

左傳。晉公子重耳奔狄。從者狐偃。趙衰。顛頡。魏武子。司空季子。及曹。僖負羈自貳於重耳。乃饋盤飧。寘璧焉。公子受飧反璧。後重耳入曹。令無入僖負羈之宮。而免其族。報施也。魏犫顛頡怒曰。勞之不圖。報於何有爇僖負羈氏魏犨傷於胷公欲殺之而愛其材使問且視之病將殺之魏犨束胷見使者曰以君之靈不有寧也距躍三百曲踊三百乃舍之殺顛頡以徇於師

乾思彥

姓苑唐乾思彥性倜儻褚遂良贈以詩志氣百年內平生一片心欲交天下士未面

巳虛襟。

搴揚

漢將。

拳彌

左傳。衞人翦夏丁氏。以其帑賜彭封彌子。彌子飲公酒。納夏戊之女。嬖。以爲夫人。其弟期。大叔疾之從孫甥也。少畜於公以爲司徒夫人寵衰期得辠公使三匠久公使優狡盟拳彌而甚近信之司徒期因三匠與拳彌而作亂皆執利兵使拳彌入於公宮而自太子疾之宮譟以攻公鄄子士請禦之彌援其手曰子則勇矣將若君何不見先君乎君何所不逞欲且君嘗在外矣豈必不反當今不可衆怒難犯休而易間

也乃出將適蒲彌曰晉無信不可將適鄄彌曰齊晉爭我不可將適泠彌曰魯不足與請適城鉏以鉤越越有君乃適城鉏彌曰衛盜不可知也請速自我始乃載寶以歸

淵歈

齊大夫見世本又宋有淵豐紹興中循州

司馬。

然子堪

禹七大夫中人。又戰國時有然友、爲滕世子傅。

宣秉

字巨公。雲陽人。少修高節。王莽徵不至。光武初拜御史中丞。秉性儉約。所得俸祿。輒散親族後拜大司徒子彪仕爲郎虎南安侯。

聯謙

晉輔國將軍。

天老

漢書天老黃帝時七輔受天籙有天老雜子陰道二十五卷又漢有天高爲長社令。

唐有天文爲親軍指揮使。

籛鏗

世本。姓籛。名鏗。籛乃古翦字。虞翻云名翦。封於彭。是爲大彭。以斟雉養性事放勳。

鶱味道

武后時爲靑州刺史。又晉惠帝時鶱貙爲廣武將軍。

監伯陽

南北朝有監伯陽頓丘董徵從之受論語毛詩春秋周易又漢初有監居翁

蟜固

魯人高陽氏蟜牛之後檀弓季武子寢疾蟜固不脫齊衰而入見曰斯道也將亾矣士惟公門脫齊衰武子曰不亦善乎君子

表微。及其喪也。曾點倚其門而歌。注。武子。
季孫夙也。世爲上卿。且專國政。不脁齊衰。
示之凶。而欲其死也。倚門而歌。示之吉。而
樂其死也。」又漢有蟜彥沖。

條攸

安定人。晉司空。」殷賢人。七族有條氏。

搖母餘

功臣表。搖母餘封海陽齊信侯。以越隊將從。破秦入漢。定三秦。以都尉擊項籍。侯千七百戶。姓譜作雙姓。王元美考入單姓。

鄡單

孔子弟子。史記。鄡單。字子家。鄡若堯反。單音善。

銚期

銚音姚穎川郟人期容貌絕異矜嚴有威

爲鄧禹裨將所至有功光武封爲安成侯

生平重信義自爲將有所降下未嘗擄掠

在朝憂國憂民能犯顏諫諍卒謚忠侯子

丹純俱爲侯

臯如

越大夫勸勾踐伐吳以天有四時人有五

勝進越卒以滅吳其後漢有皋伯通有高行梁鴻主其家以賓禮待之

堯須

晉堯須撰鷙擊錄一卷又宋有堯允恭字克遜海陵人景定咸淳兩領鄉薦宋亾專意經傳深得性命之理江浙行省兩檄充濂溪東川書院長皆不赴自號觀物老人

大司農燕公嘗稱其古心絕俗淸氣逼人有詩文二十卷

聊倉

漢侍中著書號聊子

要離

吳越春秋吳公子光殛殺王僚憂其子慶忌在隣國計於子胥乃進要離離曰吾詐

須臯出奔。殺吾妻子。且出怨言。慶忌必信。乃行。戮其妻子於市。怨言聞於諸侯。見慶忌於衛。言計而喜。與之俱。渡江中流。欲順風而刺慶忌。慶忌顧而揮之。三捽其頭於水中。乃加於膝上。嘻嘻哉。天下之勇士也。乃敢加兵刃於我。左右欲殺之。慶忌止之曰。此是天下勇士。吾向著已辱椒丘訢。豈可一日而殺天下勇士二人哉乃誡左右曰可令還吳以旌其忠於是慶忌死要離渡江至江陵愍然不行從者曰君何不行要離曰殺吾妻子以事其君非仁也為新君而殺故君之子非義也重其死不貴無義今吾貪生棄行非義也夫人有三惡以立於世吾何面目以視天下之士言訖遂

投身於江未絕從者出之要離曰吾寧能不死乎從者曰君且勿死以俟爵祿要離乃自斷手足伏劍而死唐有要珍朔方大將軍　國朝有要繡成安人成化中女爲憲廟妃拜光祿丞

寥哷

閬中人弘治舉人

譙玄

漢書譙玄獨行之士成帝朝對策拜議郎王莽時不仕公孫述連聘不至賜以毒藥太守自齎書至玄廬玄歎曰保志全高死亦何恨又三國有譙周耽古篤學研精六經官至光祿大夫周有文武全才志在恢復所著有仇國論五經論定法訓古史考

百餘篇子秀躬耕山藪桓溫薦之不應

亳康

東漢甘陵人女弟爲桓帝后封安陽侯

鼂錯

漢書鼂錯著法家言三十一篇

刁閒

貨殖傳齊俗賤奴虜而刁閒獨愛貴之桀

黠奴人之所患惟刁閒收取使之逐魚鹽商賈之利或連車騎交守相然愈益任之終得其力起數千萬故曰寧爵無刁言能使豪奴自饒而盡其力也宋有刁約字景純丹徒人宋寶元中直史館嘗使契丹改判度支院治平中出知揚州皓然有山林之志乃挂冠而歸作藏春塢日游其中

國朝有刁鵬。祥符人。永樂中知荊州府。在任九年。門無私謁。囊無羸帛。凡所設施厝置卓有條理。政教大行。軍民稱頌。

蒿賓

字大賓。滕縣人。嘉靖進士。

幺謙

湯陰人。弘治中為通州訓導。

椒舉

左傳楚子合諸侯于申椒舉言於楚子曰臣聞諸侯無歸禮以爲歸今君始得諸侯霸之濟否在此舉也夏啓有鈞臺之享商湯有景亳之命周武有孟津之誓成有岐陽之蒐康有酆宮之朝穆有塗山之會齊桓有召陵之師晉文有踐土之盟君其何

用未幾楚子示諸侯侈椒舉曰夫六王二公之事皆所以示諸侯禮也諸侯所由用命也夏桀爲仍之會有緡叛之商紂爲黎之蒐東夷叛之周幽爲太室之盟戎狄叛之皆所以示諸侯汰也諸侯所由弃命也今君以汰無乃弗濟乎王弗聽昭公四年楚子以諸侯伐吳圍朱方克之執齊慶封

而盡滅其族將戮慶封椒舉曰臣聞無瑕者可以戮人慶封唯逆命是以在此其肯從於戮乎播於諸侯焉用之王弗聽負之斧鉞以徇於諸侯使言曰無或如齊慶封弒其君弱其孤以盟其大夫慶封曰無或如楚共王之庶子圍弒其君兄之子麇而代之以盟諸侯王使速殺之遂以諸侯滅

賴遷賴于鄢使鬬韋龜與公子弃疾城之而還申無宇曰楚禍之首其將在此矣

啇允

後魏侍中

霄略

韓非子桓公解管仲之束縛而相之管仲曰臣有寵矣然而臣卑公曰使子立高國

之上管仲曰臣貴矣然而臣貧公曰使子有三歸之家管仲曰臣富矣然而臣疏於是立以爲仲父霄略曰管仲以賤爲不可以治國故請高國之上以爲貧不可以治富故請三歸以疏爲不可以治親故處仲父管仲非貪以便治也

瓢雄

太和人正德中長陽尉

漕中叔

游俠傳自哀平間郡國處處有豪傑然莫
足數其名聞州郡者馬領繡君賓西河漕
中叔皆有謙退之風王莽居攝誅鉏豪俠
名捕漕中叔不能得素善強弩將軍孫建
莽疑建藏匿泛以問建建曰臣名善之誅

臣足以塞責莽性果賊無所容忍然重建不竟問遂不得也中叔子少游亦以俠聞於世云

操守經

浮梁人嘉靖進士任給事中

稍騰漢

安定人正德中任知州

韶石

晉中牟令長沙仙女韶氏有鳳音亭

超喜

漢太僕宋紹定進士超必熅綿州人

貂勃

國策貂勃嘗惡田單曰安平君小人也安平君聞之故為酒而召貂勃曰單何以得

臯於先生故常見譽於朝貂勃曰跖之狗吠堯非貴跖而賤堯也狗固吠非其主也且今使公孫子賢而徐子不肖然而公孫子與徐子鬬徐子之狗猶將攫公孫氏之腓而噬之也若乃得去不肖者而爲賢狗豈特攫其腓而噬之耳哉安平君曰敬聞命明日任之於王王有所幸臣九人之屬

欲傷安平君相與語於王曰燕之伐齊之時楚王使軍將萬人而佐齊今國已定而社稷已安矣何不使使者謝於楚王王曰左右孰可九人之屬曰貂勃可貂勃使楚楚王受而觴之數日不反九人之屬相與語於王曰夫一人身而牽留萬乘者豈不以據勢也哉且安平君之與王也君臣無

禮而上下無別。且其志欲為不善。內收百姓。尋撫其心。外懷戎翟天下之賢士。陰結諸侯之雄俊豪英。其志欲有為也。願王之察之。異日而王曰。召相單來。田單免冠徒跣肉袒而進。退而請死辠五日。而王曰。子無辠於寡人。子為子之臣禮。吾為吾之王禮而已矣。貂勃從楚來。王賜諸前酒酣。王曰召相田單而來。貂勃避席稽首曰。王惡得此亾國之言乎。王上者孰與周文王。下者孰與齊桓公。王曰。吾不若也。貂勃曰。然。臣固知王不若也。然則周文王得呂望以爲太公。桓公得管夷吾以爲仲父。今王得安平君而獨曰單。且自天地之闢。民人之治。爲人臣之功者。孰有厚於安平君者哉。

而王曰單惡得此亾國之言乎且王不能守乎王之社稷燕人興師而襲齊墟王走而之城陽之山中安平君以惴惴之即墨三里之城五里之郭敝卒七千禽其司馬而反千里之齊安平君之功也當是時也闔城陽而王城陽天下莫之能止然而計之於道歸之於義以爲不可故爲棧道木

閼而迎王與后於城陽山中王乃得反子臨百姓今國已定民已安矣王乃曰單單且嬰兒之計不爲此王不亟殺此九子者以謝安平君不然國危矣王乃殺九子而逐其家益封安平君以夜邑萬戶

雕延年

功臣表雕延年以匈奴王降封臧馬康侯

八百七十戶。

澆戭

成化間以副總兵征松茂謀勇過人督率軍士搜羅山寨夷人遠遯至今威望猶存

橋仁

從大戴學注禮記四十九篇號橋君學小戴以博士論石渠授禮記於梁人橋仁楊

滎由是有橋楊之學漢武帝大鴻臚又三
國橋瑁爲東郡太守與袁紹起兵討董卓

麃公

麃音炰風俗通秦將麃王之後麃公爲秦
將軍又漢有麃宣爲太守

徭偉

更始將鎮淮陽東越王徭勾踐之後

朝景煥

南北朝撰野人閒話六卷又宋有諫臣朝夢玉

昭奚恤

戰國策昭奚恤爲楚將江乙惡之楚昭王問羣臣曰北方之人畏奚恤何也江乙對曰虎得狐欲啖之狐曰無啖我天帝令我

長百獸若不信隨我後以觀百獸避走虎
不知畏己以爲畏狐北方非畏奚恤其實
畏大王之甲兵也猶百獸之畏其虎也又
史記楚懷王留于秦太子爲質于秦大臣
欲立懷王子在國者昭雎曰王與太子俱
困于諸侯又悖王命而立其庶子非法也
乃詐赴於齊用計而歸楚太子太子橫至

立為王是為頃襄王

鈔秀

正德舉人又鈔奇嘉靖舉人俱漳德人

巢猗

南北朝撰尚書義十卷尚書百釋三卷又

宋有巢谷字元修眉山人傳其父中學舉

進士谷素多力棄其業學古兵法游西邊

與河州將韓存寶善後存寶坐辠死谷逃避江淮間會赦乃出蘇軾蘇轍謫嶺海谷往循訪轍又欲往海南訪軾至新州病死轍聞哭之失聲曰谷於朋友之義無所不厚惜不遇襄子而前遇存寶後遇子兄弟也

茆志道

和州人洪武初知洛陽縣寬猛得宜禁奸除纍又茀欽字宗堯溧水人歷官大理寺卿

抄思

歸善人永樂舉人

洨孔車

史記漢元朔中主父偃拜齊相乃使人言

齊王內有淫佚之行。齊王恐效燕王論死。乃自殺。趙王恐其爲國患。即使人上書告偃受諸侯金。及齊王以自殺。聞上大怒。以爲偃刼其王令自殺。乃徵下吏治。偃服受諸侯之金。實不刼齊王令自殺。上欲勿誅。公孫弘爭曰。齊王自殺無後。國除。非誅偃無以謝天下。乃遂族偃。偃方貴幸時。客以

千數及族姟無一人收者惟獨洨孔車收葬之天子後聞之以爲孔車長者也

鞄敏

漢山陽令

膠倉

漢武時與朱買臣嚴助終軍司馬遷之倫皆辨知閎達溢於文辭

牢丘

漢儒林傳」又東漢有牢修河内張成善風角推占當赦教子殺人河南尹李膺督促收捕竟案殺之成弟子牢修上書告膺等養太學游士交結諸郡生徒互相驅馳共爲部黨誹散朝廷疑亂風俗天子震怒頒郡國逮捕黨人然則黨錮之禍蓋牢修肇

之也

招父

晉太子圉爲質於秦秦歸河東而妻之惠公之在梁也梁伯妻之梁嬴孕過期卜招父與其子卜之其子曰將生一男一女招曰然男爲人臣女爲人妾故名男曰圉女曰妾及子圉西質妾爲宦女焉又漢招猛

元祐中大鴻臚。

糟士奇

鳳翔人。嘉靖舉人。

勞丙

後漢人。又 國朝勞玨爲戶科給事中。立朝侃侃。遇事敢言。嘗以直諫忤 上被責。不少挫。士論高之。

桃豹

石勒嘗傭於武安臨水爲遊軍所囚會有羣鹿傍過軍人競逐之勒乃獲免俄見一老父謂曰向羣鹿者我也君應爲中州主故相救爾勒拜而受命遂招集桃豹逯明等八騎爲先驅後勒僭號豹爲豫州刺史

樛留

韓非子。韓宣王謂樛留曰。吾欲兩用公仲公叔。其可也。對曰。不可。晉用六卿而國分。簡公兩用。田成闞止而簡公殺。魏兩用犀首張儀。而西河之外亡。今王兩用之。其多力者樹其黨。寡力者借外權。羣臣有內樹黨以驕主。有外爲交以削地。則王之國危矣。又漢功臣表。樛廣德。父樂。以校尉擊南越炊事。封龍侯。

蓩宗

音多。漢人。

咼文光

公安人。母成氏苦節。光善事之。孝養備至。一試四川巴縣令。遂乞休歸家。居二十餘年。皭然如一。嘗慕陶靖節之清風。所著有

擬陶詩

繁延壽

漢御史大夫又晉有繁欽字休伯以文章

機辯少擅名於汝頴又長於詩賦其所與

太子書記喉囀意率皆成巧麗繁音婆

渦尚

漢人扶風太守

阿畸

馬龍州人隱巖谷撰爨字字如科斗三年始成字母一千八百四十號

苛異

漢人見印藪

佗羽

漢人姓佗名羽字公子以游俠聞　國朝

有佗盛永樂進士容縣人

多軍

功臣表武帝時以東粵將軍降於漢封無錫侯邑千戶

家鉉翁

宋眉州人以廕補官知常州拜端明殿大學士元兵次近郊丞相吳堅賈餘慶檄告

天下守令以城降。鉉翁獨不署。文天祥女弟坐兄故繫奚官。鉉翁傾橐中裝贖出之以歸其兄璧。鉉翁狀貌奇偉。身長七尺。被服儼雅。其學邃於春秋。自號則堂。又漢有家矣。

虵玄

赫連勃勃南侵。姚泓遣建義將軍虵玄距

郤之

荼恬

漢書江都易王薨未葬嗣王建居服舍召易王所愛美人淖姬等十人與姦建女弟徵臣爲蓋侯子婦以易王喪來歸建復與姦建異母弟定國具知建事行錢使男子荼恬上書告建淫亂不當爲後事下廷尉

治恬受人錢財爲上書論棄市。荼音食邪反。

佘起

宋銅陵人。一門義聚千三百餘口。子孫皆以科第顯。嘉靖隆慶中佘敬中毅中兄弟進士。俱銅陵人。

蛇后

南北朝人兄越滂南安太守

奢龍

管子黃帝得奢龍而辨乎東方以爲土師得庸光而辨乎南方以爲司徒得大封而辨乎西以爲司馬得后土而辨乎北以之

李行

巴蔓子

巴國人仕爲將軍周末國亂蔓子請師於楚許以三城楚以救巴遣使請城蔓子曰藉楚之靈克濟禍難誠許楚王城可持吾頭往謝城不可得也乃自刎使者以蔓子首報楚王王曰使吾得臣如蔓子者用城何爲乃以上卿之禮葬其首巴亦舉其屍以上卿之禮葬於施州」又東漢有巴肅字

恭甫漢議郎與竇武陳蕃等謀誅閹官武等遇害肅亦坐黨禁錮乃自載詣縣令曰爲人臣者有謀不敢隱有辠不逃刑遂被害

杷秀

南北朝杷秀西魏涼州刺史

夸父

周時人逐日揮戈欲返日嵎谷道渴而歿植其杖化爲鄧林

瑕禽

左傳王叔陳生與伯輿爭政王叔之宰與伯輿之大夫瑕禽坐獄於王庭士匄聽之王叔之宰曰篳門圭竇之人而皆陵其上其難爲上矣瑕禽曰昔平王東遷吾七姓

從王牲用備具王賴之而賜之騂旄之盟
曰世世無失職若篳門圭竇其能來東底
乎且王何賴焉今自王叔之相也政以賄
成而刑放於寵官之師旅不勝其富吾能
無篳門圭竇乎惟大國圖之下而無直則
何謂正矣范宣子曰天子所右寡君亦右
之所左亦左之使王叔氏與伯輿合要

鄜巴

宋乾道間任福建路兵馬總管

花驚定

唐人花驚定膂力過人上元初段子章反於蜀時崔光遠爲成都尹驚定爲牙將討平之杜甫詩成都猛將有花卿學語小兒知姓名 國朝有忠臣花雲狀元花綸

衙謹卿

漢長平令衙謹卿七世同居又晉有衙傳望爲護軍都督

芒卯

秦昭王曰魏將如耳矣然魏齊孟嘗芒卯孰賢左右對曰不如王曰以魏齊芒卯之賢而不能攻秦今以無能之如耳率韓魏

伐秦其無奈寘人明矣」又　國朝有芑文縝臨川人洪武間兩典文衡爲時所重

防廣

漢棠邑人爲父報讐母終哀傷不食以孝聞

囊瓦

楚囊瓦爲令尹城郢沈尹戌曰子常必亾

郢苟不能衞城無益也若敖蚡冒至於武文土不過同愼其四竟猶不城郢今土數圻而郢是城不亦難乎

光逸

字孟祖樂安人初爲博昌小吏縣令使逸送客冒寒舉體凍濕還遇令不在逸解衣炙之入令被中卧令還大怒將加嚴罰逸

曰家貧衣單沾濕無可代若不暫溫勢必凍死奈何惜一被而殺一人乎令奇而釋之尋以世難避亂渡江依胡母輔之初至屬輔之與謝鯤畢卓等散髮裸袒閉室酣飲逸將排戶入守者不听逸便於戶外脫衣露頂於狗竇中窺之而大叫輔之驚曰他人決不能爾必我孟祖也遽呼入遂與

飮大快不捨晝夜時人爲之八達晉中興爲給事中

狼瞫

晉人事晉襄公求爲戎右不可襄公縛秦囚使萊駒以戈斬之囚呼萊駒失戈狼瞫取戈以斬囚禽之以從公乘遂以爲右箕之役先軫黜瞫而立續簡伯狼瞫怒其友

曰盍死之瞫曰吾未獲死所其友曰吾與汝爲難瞫曰周志有之勇則害上不登於明堂死而不義非勇也子姑待之及彭衙旣陳以其屬馳秦師死焉晉師從之大敗秦師

傷省

宋國人見左傳

鄺埜

一統志鄺埜字孟質永樂進士拜監察御史正統進兵部左侍郎乙巳秋七月也先深入逼近畿輔上親征出居庸關埜扈從乘馬以馬革囊尸自誓是月壬寅次萬金峪是夕金星犯亢甲辰次懷安是夕黑氣四塞丙午次陽和是夕火星犯土王振迫

挾進兵虜踵至埜上言請疾驅入關嚴兵
爲殿振怒曰汝腐儒安知兵事再言必殺
埜曰我爲社稷生靈極言胡爲以殺懼哉
因與戶部尚書王佐相對泣帳中明日師
潰埜死之年六十五贈少保謚忠肅鄺音
荒。

坊蒙

國朝坊蒙徐州人洪武中休寧縣丞

陽惠元

唐平州人為西涼兵馬使朱泚反自河朔赴難解奉天圍加檢校工部尚書李懷光反血戰而歿

邛燦

南北朝邛燦南唐人登進士第

四十五 一、六十二、四十、四十七 馬

印紙

漢御史大夫見功臣表又有印䟽周封史也能行氣練形煮石髓而服之謂之石鍾乳至數百年往來入太室山中有卧石藏梲焉讚曰八珍促壽五石延生印數得之鍊髓餌精人以百年我享千齡寢息中嶽游步仙庭

杢左

楚大夫見姓望。

香車

新序。齊宣王爲巨室、蓋百畝、堂上三百戶、以齊國之大、三年不成、羣臣莫敢諫香車問曰。荊王釋先王之禮樂而爲淫樂、敢問斯邦爲有主乎。王曰爲無主。敢問荊邦爲有臣乎王曰爲無臣車曰今王爲巨室三年不成而羣臣莫敢諫敢問爲有臣乎王曰爲無臣車曰臣請避矣疾趨而出王曰香子留何諫寡人之晚也遽召尚書曰書之寡人好爲巨室香車止之也又漢有香

隆見印藪

莢清

永福人宣德舉人

涼茂

字伯方昌邑人少好學議論常依名節曹操辟爲司空掾補侍御史時泰山多盜賊以茂爲太守旬日之間襁負而至者千餘家公孫度在遼東擅留茂終不爲屈文帝在東宮茂爲太子太傅甚禮重之

芳乘

漢幽州太守。又芳丹。光武時據新豐。後降漢。

奇姓通卷三終

奇姓通卷四 下平下

堂衣若　行巡

藏凝之　羌仁寅

將繼周　蒼英

襄楷　忪義

倉葛　傷企本

强練　琅過

昌容　相雲

槍傳　良霄

彊華　萇弘

棠无咎　皇士

翔季高　狂狡

滎駕鯱　訇琦

生用和　昇元中

衡岳　爭不識

泠至　輕子王

城渾　名礿

管伯　平當

卿仲遼　徵崇

征僑　嬴咨

閎夭　聲伯

朙僧紹　登恒

坑應奎　呈紳

京房　伶徵

星吉　鉼守

經濟　冥都

刑穆　青荓

蒸廣　零混

靈姑浮　清賢

寗越　稱忠

繒賀　曾藏

憑祥輿　弘演

輿渠　朋水

承宮　乘輿

崩愈堅　嫪毒

緱進鈞　聚籌

州綽　犹道明

掊生　郲頡

郵無正　牟長

投調　疇無餘

攸邁　彪傒

修肅　不準

油鳳　勾井彊

罘夜張　舟之僑

謳陽　秋胡

猷康　歐寶

優施　璆瑜

繇敘　騶衍

裯雕　求仲

由余　表牧仲

句畢　僂堙

琴張　吟約

禽息　斟尚

諶仲　箴莊

尋曾　侵恭

隂輿　郴寶

黔如　鍼季

鐔顯　鄩肸

欽德載　臨孝存

弇堈弔　南文子

聃季　三庸道

垣護之　嵐闖

曇橘州　鄒子

苦夷　劇般

銛朴翁　閻沒

鹽津　粘爍

瞻思　兼尉丁

氈求　咸冀

潛說友　閆亭

廉垣　纖阿

函熙

奇姓通卷四 下平下

江陰夏樹芳茂卿輯

華亭陳繼儒仲醇校

堂衣若

韓詩外傳。堂衣若扣孔子之門曰。丘在乎。丘在乎。子貢應之曰。子何言師之名。堂衣若曰。子何年少言之絞。子貢曰。大車不絞。

則不成其任琴瑟不絞則不成其音子之言絞是以絞之也

行巡

平襄人隗囂將見光武紀

藏凝之

南北朝人學涉有當世才與司空徐湛之爲異常交年少時與傅僧祐俱以通家子

始爲文帝所引見。時宋武帝與何尚之論
鑄錢事。凝之便於其語次上因回與語僧
祐引凝之衣令止。凝之大言曰。明主當再
遇。便應政盡所懷。上與往復十餘反。凝之
辭韻詮序。上甚賞焉。後爲尚書左丞。

羌仁寅

衡陽人。永平中任交趾建平推官。

將繼周

字世修青田人七歲賦牧童詩有回首一聲笛斜陽遮半山之句登紹興進士廷對論事剴切孝宗奬諭曰卿文大似陸贄自是擢居言路知無不言上親札褒異有盡公無私之語歷諫議大夫御史中丞有諫稿十卷臺評三卷經筵講議五卷禮記大

義百篇雜文五卷。

蒼英

漢江夏太守八凱蒼舒之後。

襄楷

平原隰陰人好學博古善天文陰陽之術。桓帝時災異疊見楷詣闕上書引春秋雨雪霜雹由刑罰急刻所致願賜清問極盡

所言不聽

忕義

永樂中有忕義忕宗皆充衛千戶

倉葛

左傳倉葛陽樊人諫王勿以陽樊賜晉又

三國有倉慈魏燉煌太守抑挫權右撫卹

貧羸既去吏民懷感圖畫其形

仿企本

北地羌豪。

强練

南北朝人。容貌偉長。神情倣悦。意欲有所

説。逢人輒言。若值其不欲言。縱苦加祈請。

不相酬答。初聞其言。畧不解事。過往往有

奇驗。嘗告乞。市人往往以米麥遺之。鍊張

囊受之。隨即漏之於地。人或問之。但欲使諸人領畧。一見成空耳。後莫知其所終。

琅過

周時爲齊大夫。

昌容

漢常山道人。自稱殷上女。食蓬虆根。往來上下。見之者二百餘年。而顏色如二十許

人能致紫草賣與染家得錢以遺孤寡歷世而然奉祠者萬計讚曰殷女忠榮曾無遺戀怡我柔顏改華標倩心與化遷目與氣練坐卧奇貨惠及孤賤

相雲

相音湘馮翊人後秦姚興好游田頗損農要相雲作德獵賦以諷焉興覽而善之賜

丁六十○四・廿五 吳

以金帛。

槍傳

後漢人槍七羊切。

良霄

左傳子產鑄刑書之歲二月。或夢伯有介而行。曰。壬子余將殺帶也。明年壬寅余又將殺段也。果而駟帶卒。公孫段卒。國人愈懼子產立公孫洩良止以撫之乃止子產曰鬼有所歸乃不爲厲吾爲之歸也及子產適晉趙景子問焉曰伯有猶能爲鬼乎曰能人生始化曰魄既生魄陽曰魂用物精多則魂魄彊是以有精爽至於神明況良霄我先君穆公之冑子良之孫子耳之子敝邑之卿從政三世矣鄭雖無腆抑諺

曰蕞爾國而三世執其政柄其用物也弘矣其取精也多矣其族又大所馮厚矣而彊死能爲鬼不亦宜乎」又漢有良賀長秋長淸儉謹厚忠於爲國詔舉武猛賀獨無所薦帝問其故對曰昔衛鞅因景監以見有識知其不終今得臣舉者匪榮伊辱固辭之

彊華

光武在長安時同舍生彊華自關中奉赤伏符於帝曰劉秀發兵捕不道四夷雲集龍鬬野四七之際火爲主

萇弘

呂覽晉襄公使人於周曰弊邑寡君寢疾卜以守龜曰三塗爲祟弊邑寡君使下臣

願藉塗而祈福焉。天子許之。朝禮使者事畢。客出。萇長弘謂劉康公曰：夫祈福於三塗，而受禮於天子，此柔嘉之事也，而客武色，殆有他事，願公備之也。劉康公乃儆戎車卒士以待之。晉果使祭事先，因令楊子將卒十二萬而隨之，涉於棘津，襲聊、阮、梁蠻氏，滅三國焉」又五代史有萇長從簡爲許州節度使從簡好食人肉所至多潛捕民間小兒以食許州富人有玉帶欲之而不可得遣二卒夜入其家殺而取之卒夜踰垣隱木間見其夫婦相待如賓二卒歎曰我公欲奪其寶而害斯人吾必不免因躍出而告之使其速以帶獻遂踰垣而去不知所之從簡不足言二卒眞奇士也

棠无咎

左傳棠无咎。齊大夫。詳在盧蒲嫳傳。

皇士

管子。齊桓公出於澤。見衣紫衣。大如轂。長如轅。拱手而立。還歸寢疾。數月不出。有皇士者見公語。驚曰。物惡能傷公。公自傷也。此所謂澤神委蛇者也。惟霸主乃得見之。

於是桓公欣然笑，不終日而病愈。又南北朝皇侃《疏》三禮、孝經、論語、撰禮記講疏五十卷，書成奏上，梁武帝嘉之，加員外散騎常侍。

翔季高

宋人號羽軒，工詩，送客詩有大江中夜滿，雙櫓半空鳴之句。

狂狡

宋大夫又莊子有狂屈論道於狐闋之上若中欲言而忘其所欲言

縈駕䮕

左傳昭公薨於乾侯喪歸及葬季孫使役如闞公氏將溝焉縈駕䮕曰生不能事死又離之以自旌也縱子忍之後必或恥之

乃止季孫問於榮駕鵝曰吾欲爲君謚使子孫知之對曰生弗能事死又惡之以自信也將焉用之乃止又家語孔子至泰山見榮啓期行年九十游乎郕之野鹿裘帶索鼓琴而歌淮南子曰榮啓期一彈而孔子三日樂感於和

訇琦

三國時人。

生用和

蓬萊人。洪武中桐鄉知縣。經營草昧。得其領要。民皆樂之。」又漢有生臨見印藪。

昇元中

宋人。撰海外使臣程記三卷。

衡岳

字世瞻河南人正統初爲桂林知府已爲潮州府同知約已惠民自常祿外饋遺一無所取已轉西安知府清操善政如在潮時永樂十年以言事忤旨謫戍交趾後以御史袁錠等交章薦用起爲南城令改新豐令祿薄不足用嘗於官舍種菜以自給岳没後二十年刑部尚書何喬新表其墓

曰廉吏人咸以爲實錄云。

爭不識

漢人又有爭同見印藪。

泠至

秦大夫穆公使報晉惠公。又漢有泠耳、泠廣，俱功臣，一爲下相侯，一爲騶望侯。

輕子王

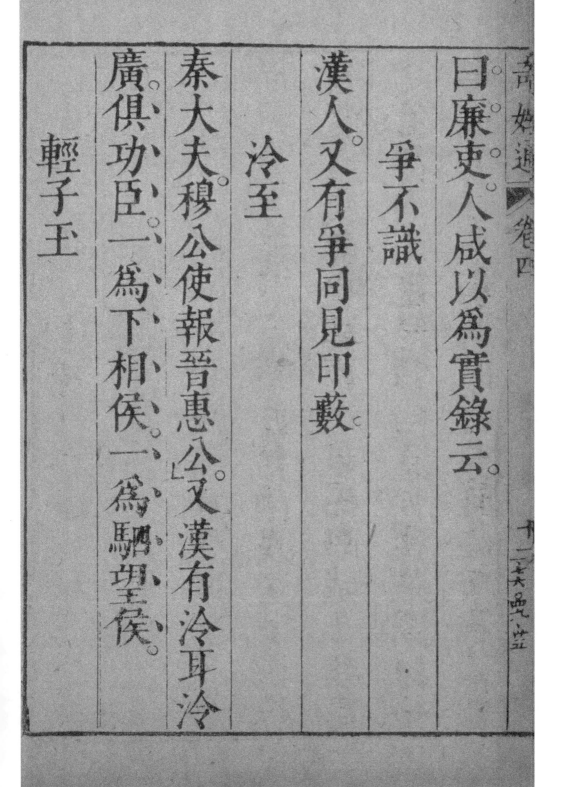

禹七大夫中人見鬻子。

城渾

國策城渾出周三人偶行南游於楚至於新城城渾說其令曰鄭魏者楚之耎國而秦楚之强敵也鄭魏之弱而楚以上梁應之宜陽之大也楚以弱新城圍之蒲坂平陽相去百里秦人一夜而襲之安邑不知

新城上梁相去五百里秦人一夜而襲之上梁亦不知也今邊邑之所恃者非江南泗上也楚王何不以新城為主郡也邊邑甚利之新城公大說乃為具駟馬乘車五百金之楚城渾得之遂南交於楚楚王果以新城為主郡

名初

唐人撰公侯政術十卷

營伯

武王卿士」國朝有營世寶知眞州以能吏稱

平當

漢平當字子思以明經歷官爲丞相哀帝卽位遣使召欲封當關內侯當稱病篤不

應召室家或謂當不可强起受侯印爲子孫耶當曰吾居大位已負素餐之責矣起受侯印還卧而欬欬有餘臯今不起者所以爲子孫也遂上書乞骸骨後月餘卒子晏亦以朙經爲大司徒封防鄉侯」 國朝有平安洪武末帥守定州練甲繕城將士以身許國。 高皇詔諭隱然有北門鎖鑰之功及靖難師起安督兵禦之白溝河大戰凡數十陣　太宗親至安戰益力及北兵敗走安急追之因馬仆被執帳下欲用之安曰有死而已　太宗義而釋之天下旣定安遂飲鴆而死

卿仲遠

漢有卿仲遠見黃香傳唐貞元進士有卿

侃。國朝有卿惟賢爲蓬州學正。剛介不阿。

徵崇

三國時䢵吏令。河南人。

征僑

司馬相如大人賦曰。廝征伯僑而役羨門兮。詔岐伯使上方。顏師古注。古仙人姓征。

名伯僑。又宋人征集好蓄書能詩。有子五人。曰復曰賁。皇祐嘉祐間相繼登進士。王安石表其墓曰淮南有道則其人可知已。

嬴洛

漢人。八及之一。秦之後也。

閎夭

人物考。文王之爲西伯也。詢於八虞咨於

二虢度於閎夭諏於蔡原訪於辛尹又西伯囚於羑里閎夭之徒患之求有莘氏美女驪戎之文馬有熊九駟托嬖臣費仲以獻之紂乃大悅遂釋西伯

聲伯

春秋時人又有聲歸生

朙僧紹

字承烈明經隱居聚徒立學宋累辟不就南齊高帝欲往見僧紹避之帝遣人賜以竹根如意及筍籜冠子山賓字孝若

登恒

成陽門尹列子湯得其司御門尹登恒爲之傅之

坑應奎

安肅人。正德中桐城主簿。又嘉靖中進士有坑進。良。福建人。

呈紳

漢人。見印藪。

京房

漢書。京房。字君明。師焦延壽。學易、甚精、尤長於災、變、占驗。以孝廉爲郎。元帝時。日食

陰霧房數上䟽指陳時政得失石顯五鹿
充宗嫉之出爲魏郡太守卒爲所中下獄
「死房本姓李推律自定爲京氏」又漢有京
相著春秋土地名三卷

伶徵

漢顯宗紀伶徵護羌校尉

星吉

元人。字吉甫。累官江西行臺御史大夫。克持風裁。賊據州縣。星吉屢破之。既而中流矢昏仆。既蘇。不食而死。星吉公廉明潔。能以忠義感激人心。故能以少擊衆云。

餅守

漢太子太傅。見風俗通。

經濟

國朝濠州人為鄉里耆老初 車駕入濠陽濟等方宴 聖祖謂曰諸父老皆吾故人豈不欲朝夕相見然吾不得久留此父老歸宜教導子弟為善立身孝弟勤儉養生父老等亦宜厚自愛以樂高年濟等頓首謝皆歡醉而去又晉大元中有經曠出還寃記

冥都

泰山人。漢丞相史。治公羊春秋。䟽廣弟子。

刑穆

漢大司徒。國朝有刑惟一。合水人。景泰間長汀知縣。

青并

趙襄子遊至於梁。馬却不進。青荓爲參乘。

襄子曰進視梁下類有人青荓進視梁下豫讓却寢佯爲死人叱青荓曰去長者且有事青荓曰少而與子友子且爲大事而吾言之是失相與友之道子將賊吾君而不言是失爲人臣之道如我者惟死爲可適乃退而自殺」又

國朝有青文盛洪武中龍陽縣典史時邑民負租三萬餘石文

盛詣闕請免章三上不報自縊於登聞鼓下上令官覈實詔蠲之仍以一千三百爲額民德之因立祠祀焉」又有青牛見潛夫論

蕐廣

蕐音行漢人見印藪

零混

安定人成化舉人韶州府學訓導

靈姑浮

左傳越大夫靈姑浮以戈擊闔廬闔廬傷將指取其一屨還卒於陘去檇李七里夫差使人立於庭苟出入必謂已曰夫差而忘越王之殺而父乎則對曰唯不敢忘三年乃報越」又漢書靈常高帝十二年以荊

令尹從擊鍾離昧及利幾英布有功封陽羨侯。

清賢

宋端平進士遂寧人。

寧越

趙人與蘇秦之徒爲六國謀士又寧國楚臣勸莊王伐陳克之。

稱忠

功臣表稱忠以捕得反者樊竝封新山侯

繒賀

漢書繒賀封祁穀侯以執盾漢王三年初起從晉陽以連敖擊項籍漢王敗走賀擊楚追騎以故不得進漢王顧謂賀祁王戰彭城斬項籍爭惡絕延壁侯千四百戶師

古曰。爭惡地名。

曾蒧

蒧。音點。

憑祥興

唐憑祥興。雩都人。曉智略。與二弟英武尚義。黃巢之亂。傾貲募兵勤王。累功封上將軍。

弘演

衞懿公有臣曰弘演遠使未還狄人攻衞追懿公於榮降殺之盡食其肉獨舍其肝弘演至報使於肝畢呼天而號盡哀而止曰臣請爲襮因自刺其腹納懿公之肝而死桓公聞之曰衞之亡也以爲無道也今有臣若此不可以不存於是復立衞於楚

丘。

興渠

漢濟陰王謁者。後以功封高望亭侯。

朋水

宋永嘉人。淳祐間安遠知縣。又朋山仙游人。淳祐間德化知縣。

承宮

字少子。八歲爲人牧猪。過學舍。棄猪聽講。後爲大儒。永平中爲博士。遷中郎。名播匈奴。北單于來求見宮。貌醜以魏應代之。

乘輿

漢湖中三老。上書訟王尊治京兆功。

崩愈堅

本朝潛山人。正德中固始縣丞。萬曆間有

伏羌典史崩可立泰和人。

嫪毐

史記。嫪毐封長信侯。予之山陽地。令毐居之宮室車馬衣服苑囿馳獵恣毐事無大小皆決於毐。又以河西太原郡爲毐國索隱曰。嫪姓。毐字。嫪毐音劉靄。

緱進筠

南唐汀州刺史」又漢書陳留女子緱玉爲父報仇殺夫氏之黨吏執玉以告外黄令欲論殺申屠蟠時年十五爲諸生進諫曰玉之節義足以感無恥之孫激忍辱之子不遭明時尚當表旌廬墓況在清聽而不加哀矜令善其言乃爲讞得減死論

聚籌

晉人令晉陽聚音鄒

州綽

晉勇士奔齊莊公指綽郭最曰是寡人之雄也州綽曰君以爲雄誰敢不雄平陰之役先二子鳴二子者譬於禽獸臣食其肉而寢處其皮矣

犹道明

宋嘉熙進士。邛州人。

掊生

史記。梁王使客刺袁盎。袁盎心不樂。家又多怪。乃之掊生所問占。文穎曰。掊音陪。秦時賢士善術者。韋昭云。掊姓也。掊。一作棓。名棓塑。

郙頡

南北朝遼西太守。又郱椿。揚州刺史。

郵無正

國語。趙簡子使尹鐸爲晉陽。曰。必墮其壘培。吾將往焉。若見壘培。是見寅與吉射也。尹鐸往而增之。簡子如晉陽。見壘。怒曰。必殺鐸也而後入。郵無正諫曰。夫尹鐸曰。思樂而喜。思難而懼。人之道也。委土可以爲

師保吾何爲不增庶曰可以鑑而鳩趙宗乎簡子悅曰微子吾幾不爲人矣以免難之賞賞尹鐸」又漢有郵長倩公孫弘故人著西京襍記

秊長

漢書秊長字君高習歐陽尚書建武中爲博士後爲河內太守在郡時諸生講業嘗

千餘人前後多至萬餘著尚書章句皆本之歐陽氏」又　國朝有牟斌字益之起旗校累官錦衣衞指揮使掌北鎮撫司事忤瑾廷杖革職瑾誅復任鎮撫又忤張雄安置武昌卒斌剛直忠毅兩遭奇禍怡怡若分固然崔文敏稱正德中全臣節者斌同於劉傳二公也

投詞

漢光祿卿。

疇無餘

左傳。越子代吳。爲二隊。疇無餘謳陽自南方先及郊。吳太子友。王子地。王孫彌庸壽於姚。自泓上觀之。彌庸見姑蔑之旗。曰吾父之旗也。不可以見讎而弗殺也。太子曰。

戰而不克將亾國請待之彌庸不可屬徒五千王子地助之乙酉戰彌庸獲疇無餘地獲謳陽越子至王子地守丙戌復戰大敗吳師獲太子友王孫彌庸壽於姚丁亥入吳

攸邁

北燕人

彪傒

國語獻子合諸侯之大夫於狄泉尋盟城成周獻子南面衛彪傒曰荀子必有大咎於位以令諸侯非其任也旣歸獻子田於大陸焚而死又宋有彪虎臣湘鄉人從胡文定公父子游講明正學不事進取子居正充嶽麓山長人稱之爲彪夫子云

修肅

晉盧陵人爲典書令懷帝始立爲皇太弟懼不敢當肅曰儲副之重宜歸時望親賢之舉非大王而誰宜及時登儲副以允黔首喁喁之望帝曰卿吾之宋昌也從之

不準

不音芣於秦襄王冢得竹簡小篆古書十

餘萬言藏於秘府

油鳳

陵川人洪武中舉人知交趾諒江州

勾井彊

孔子弟子三國有勾延慶注錦里耆仙傳八卷又宋有勾濤知潭州秦檜嘗令人諭意欲與共政濤作書辭謝郎上書論時事

之害政者有五高宗歎其忠」楊升庵集云勾井疆其後有勾景延後唐時入蜀爲著姓建炎中避高宗嫌名或加金字鉤光祖是也或加絲者絇紡是也或加草者茍諶是也增爲勾龍者如雙姓勾龍如淵是也改爲句者句思是也皆奇姓

罘夜張

漢人見印藪

舟之僑

國語虢公夢在廟有神人面白毛虎爪執鉞立於西阿公懼而走神曰無走帝命曰使晉襲於爾門公拜稽首覺召史嚚占之且使國人賀夢舟之僑曰衆謂虢亾不久吾乃今知之吾聞之曰大國道小國襲焉

曰服小國敖大國襲焉曰誅民疾君之後
也是以逆命今喜其夢後心展是天奪之
鑒而益其疾民疾其態天又誑之宗國既
卑諸侯遠矣其誰云救之遂以其族行適
晉六年號乃亾

謳陽

越大夫

秋胡

魯人納妻五日往仕於陳五年始歸路逢美婦採桑故下車曰力田不如見少年採桑不如見貴郎吾有黃金願與子也答曰田蠶紡績奉事公姑何待他人之金乎婦不顧胡歸母呼其妻乃採桑婦也婦曰見婦棄金而忘其母大不孝也任君別娶妾

亦不嫁乃投河而死」 國朝有秋逢慶遂寧知縣嚴於馭吏門禁肅然

猷康

漢隴西人

歐寶

漢安城人居父喪鄰人格虎虎投其廬中寶以孃衣覆之隣人問寶寶曰虎豈可舍

而藏之乎。後虎每月送鹿以助祭。時人以爲孝格禽獸。

優施

左傳。里克謂丕鄭曰。難將作矣。優施告我君謀成矣。將立奚齊。按姓譜。優孟。楚人也。子孫因以爲氏。

璆瑜

龍南人宋通賢縣知縣。

繇敘

漢書繇敘著兵形勢二篇又漢郅鄆傳有繇延見潛夫論。

騶衍

齊人著書十餘萬言名重於齊適梁惠王郊迎執賓主之禮如燕昭王擁篲先驅請

爲弟子又有騶忌騶奭號三騶子

稠雕

功臣表稠雕以匈奴大當戶與渾邪降封常樂侯師古曰當戶匈奴官名也

求仲

漢隱士與羊仲皆以治車爲業挫廉逃名蔣元卿舍中竹下開三徑二人嘗從之游

時稱二仲見嵇康高士傳

由余

著兵法六篇秦穆公用其謀拓地千里遂霸西戎」又漢有由廣國平康相見急就章

表牧仲

孟獻子友」又宋有表仲容慶曆中封骨肉飼母弟仲莊亦將封之聞兄已進乃止母

病颯愈時有祥雲覆其家

句甲

句音鈎左傳曾定公四年楚左司馬戌及息而還敗吳師於雍澨傷初司馬臣闔閭故恥爲禽焉謂其臣曰誰能免吾首句卑曰臣賤可乎司馬曰我實失子可哉三戰皆傷曰吾不可用也已句卑布裳剄而裹

之藏其身而以其首免又漢句扶忠勇有戰捷功封宕渠侯

僂堙

左傳僂堙齊莊公嬖臣與賈舉州綽邴師公孫敖封具鐸父襄伊同死於崔子之難皆齊勇力之臣

琴張

左傳琴張聞宗魯死將往弔之仲尼曰齊豹之盜而孟縶之賊女何弔焉君子不食姦不受亂不爲利疚於回不以回待人不葢不義不犯非禮

吟約

唐嘉州刺史

禽息

秦大夫薦百里奚不見納繆公出當車以頭擊闑腦乃精出曰臣生無補於國不如死也繆公感悟而用百里奚秦遂以霸又高士傳有禽慶不事莽與向長子夏同游五嶽名山不知所終

斟尚

漢四門博士下邳人

諶仲

字文豐南昌人有德行和帝朝郡舉有道仕至荆州刺史　國朝有諶賤生洪武中以薦起爲四川按察司僉事列名章善錄

蒧莊

衛大夫楚大夫蒧尹克黃之後

尋曾

晋尋曾。字子真。東海王屬。 國朝尋适。洪武初爲廣西按察使。廉謹清恪。風節凝峻。聽訟剖决如流。民無有稱寃者。公餘以吟詠自適。

侵恭

三輔决録。

陰興

漢陰興光烈皇后母弟也建武二年爲黄門侍郎帝欲封之置印於前興固讓曰臣未有先登陷陣之功而托屬掖庭冒承爵土不可以示天下十九年帝復召興欲以代吳漢爲大司馬興叩頭流涕固讓曰臣不敢惜身誠恐虧損聖德帝從之

國朝有陰秉衡字振平隱居濱國作文翰樓貯

書千卷惓惓於異端邪正之辯嘗參酌朱子家禮爲陰氏愼終錄及婚姻節要鄉人呼之曰陰孟子

郴寶

晉郴寶中牟令世代江夏見周侃傳又唐人郴霽撰秘苑狀啓四卷

黔如

呂覽黃帝使黔如爲慮首慮算也」又漢書黔婁齊隱士守道不詘威王下之著黔婁子」四篇」又漢黔陵靳龐萌首歸漢

鍼季

左傳成季聞叔牙欲立慶父乃矯君命使人命叔牙待命於曾大夫鍼巫氏使鍼季酖之

鐔顯

漢安帝時豫州刺史與廣漢太守陳寵結爲腹心訟聽日減時天下饑荒競爲盜賊州界收捕且萬餘人顯愍其困窮自陷刑辟輒擅赦之因自劾奏鐔音尋又蜀漢有太常卿鐔丞

鄩肹

周大夫左傳郤肸伐皇大敗獲郤肸注郤肸子朝之黨

欽德載

宋欽德載吳人仕爲都督計議官宋亾德載不肯送降款元兵募生致其人議欲官之德載裂其板援書即遯隱碧巖山中自號壽巖老人楊維禎作詩歌以弔之

臨孝存

漢臨孝存北海人博學知名孔融以不及見爲恨又隋有臨孝恭知天文善算術高祖甚親遇之所著欹器圖銅儀經九宮五墓遯甲月令元辰經元辰厄百怪書祿命書九宮龜經太一式經孔子馬頭易卜書共十一種皆行於世

弇堈弔

神農時人見莊子。

南文子

衛大夫昔智伯欲伐衛乃遺以野馬四白璧一衛君悅羣臣皆賀獨文子有憂色曰無功之賞無力之禮不可不察也衛君以其言告邊境智伯果起兵而襲衛至境而

反曰衛有賢人先知吾謀也

冊季

唐人見風俗通

三甫道

應州人正統中祁門縣丞又三成志正統

中江陰利港巡檢桃源人

垣護之

南北朝。垣護之字彥琮。少倜儻氣幹强果。仕宋爲殿中將軍。累遷鍾離太守。義宣反。護之率水兵大破賊將。封益陽侯。拜青冀二州刺史。卒諡壯侯。姪氏垣曇深以行義稱。爲臨城縣。罷歸。得錢十萬。以買宅奉兄退無私蓄。

嵐闖

五代時人。

曇橘州

史彌遠之友。彌遠作致仕表云。蹉跎歲月。七十有三。曇爲屬對曰。補報乾坤。萬分無一。

郯子

魯人。仲尼師之。

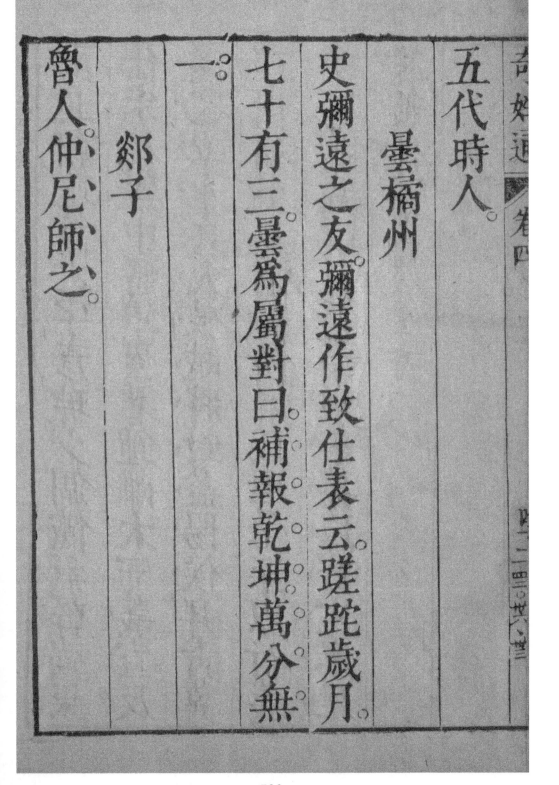

苦夷

魯大夫。左傳。齊國伐魯。陽虎御季桓子。公斂處父御孟懿子。將宵軍齊師。齊師聞之墮伏而待之。處父曰。虎不圖禍。而必死。苦夷曰。虎陷二子於難。不待有司。余必殺女。虎懼乃還。不敗。又苦轂。眉州人。宋宣和進士。

劖般

宋大夫載楊升菴集。

銛朴翁

宋人工詩淸明詩有花薺懸燈柳插簷之句。銛音恬。

闇没

闇敖楚大夫。見左傳。又闇没魏舒屬大夫。

魏舒將受梗陽人女樂閻沒女寬入諫魏子召之食比至三歎魏子問其故答曰願以小人之腹爲君子之心屬饜而已獻子辭梗陽人

鹽津

漢北海相

粘燦

晉江人正德間南京監察御史

瞻思

元人泰定初以遺逸徵至尋辭歸後召拜翰林供奉邃於經學凡天文地理鍾律算數水利外國諸書皆極究之所著有四書闕疑五經思問及碑銘傳記等文

兼尉丁

宋元祐中與寧知縣。又宋有兼至誠。大觀初。奉旨進所画山水。意匠精深、筆法蒼古、特補將仕郎。

璮求

宜陽人。永樂十五年。任廣西右叅議。又璮徽。渭南人。景泰中湖廣慈利縣知縣。

咸冀

開元十八學士之一圖形含象亭

潛說友

宋安撫使縉雲人又　國朝潛溟字彥鴻永樂間御史　成祖遣使北平命以十事旣還詔問對無遺　上嘉之事有難決者輒曰付虎眼御史謂溟也

閆亨

晉懷帝時志願驕盈遠西亨以書固諫殺之

廉坦

唐相成人進兵破蘭道明亦節又宋朝廉復章丘人有隱德治平間詔舉遺逸刺史王才叔薦之不起李格非爲墓銘

纖阿

史記陽子驂乘。纖阿為御。郭璞云。纖阿古之善御者。

函熙

漢豫章太守。

奇姓通卷四終